版权声明

Examining Levels of Involvement in the Early Years: Engaging with Children's Possibilities by Annie Woods.

Copyright © 2016 selection and editorial matter, Annie Woods; individual chapters, the contributors.

Authorised translation from the English language edition published by Routledge, a member of the Taylor & Francis Group, LLC.

All rights reserved. No part of this book may be reprinted or reproduced or utilised in any form or by any electronic, mechanical, or other means, now known or hereafter invented, including photocopying and recording, or in any information storage or retrieval system, without permission in writing from the publishers.

Copies of this book sold without a Taylor & Francis sticker on the cover are unauthorised and illegal.

保留所有权利。未经中国轻工业出版社书面授权，任何人不得以任何方式（包括但不限于电子、机械、手工或其他尚未被发明或应用的技术手段）复印、拍照、扫描、录音、朗读、存储、发表本书中任何部分或本书全部内容（包括但不限于光盘、音频、视频等）。中国轻工业出版社未授权任何机构提供源自本书内容的电子文件阅览、收听或下载服务。如有此类非法行为，查实必究。

Examining Levels of Involvement in the Early Years
Engaging with Children's Possibilities

幼儿游戏卷入水平观察与评价

激发孩子的无限可能性

[英] 安妮·伍兹（Annie Woods） 等／著

郭良菁　赵　燕／译

中国轻工业出版社

图书在版编目（CIP）数据

幼儿游戏卷入水平观察与评价：激发孩子的无限可能性／（英）安妮·伍兹（Annie Woods）等著；郭良菁等译．—北京：中国轻工业出版社，2024.10
（2025.11重印）
ISBN 978-7-5184-4679-7

Ⅰ.①幼… Ⅱ.①安…②郭… Ⅲ.①游戏课-教学研究-学前教育 Ⅳ.①G613.7

中国国家版本馆CIP数据核字（2024）第104297号

责任编辑：张天怡　　　　责任终审：张乃柬
文字编辑：李芳芳　　　　责任校对：刘志颖
策划编辑：高　君　　　　责任监印：吴维斌

出版发行：中国轻工业出版社（北京鲁谷东街5号，邮编：100040）
印　　刷：三河市鑫金马印装有限公司
经　　销：各地新华书店
版　　次：2025年11月第1版第3次印刷
开　　本：710×1000　1/16　印张：11
字　　数：150千字
书　　号：ISBN 978-7-5184-4679-7　　定价：48.00元
读者热线：010-65181109
发行电话：010-85119832　　010-85119912
网　　址：http://www.chlip.com.cn　　http://www.wqedu.com
电子信箱：1012305542@qq.com
版权所有　侵权必究
如发现图书残缺请拨打读者热线联系调换
251894Y1C103ZYW

译者序

翻译的过程也是译者学习的过程，看到书中英国学者分享的在英国背景下运用《鲁汶卷入量表——幼儿版》（Leuven Involvement Scale for Young Children，LIS-YC）所做的研究和实践，我不禁想起与这个量表的最初偶遇。

2002—2003年，我获得教育部留学基金的资助，前往德国慕尼黑国家学前教育研究所访学，期间接触到该量表。当时，对于包括儿童发展评价在内的学前教育评价，我基本上还是个"门外汉"，雄心勃勃地想编制一份测量教师反思能力的工具。我的访学导师托尼·迈尔（Toni Mayr）专门抽出半天时间在他的办公室里给我介绍了这份由比利时鲁汶大学费雷·莱弗斯（Ferre Laevers）教授编制的游戏卷入量表，他用一台带屏幕的录像带播放器播放与该量表配套的培训视频，与我讨论观察到的婴幼儿表现，教我如何理解这些表现并给婴幼儿的卷入水平打分，阐述他对教师反思教育路径的主张。他问我是否愿意进一步了解相关的理论并为我提供了几篇运用该量表进行研究的学术论文。那时我只学过一年德语，只能花时间借助词典去体会评价工具背后蕴含的理论思考，但这种通过"聚焦于儿童活动过程体验"进行保教质量评价的想法让我感到耳目一新，而把有关儿童学习与发展的理论阐释转化为一种观察的眼光，恰好给教师架设起一座连接理论与实践的桥梁，更给我这个当时特别关注教师思维和反思性实践的年轻学习者带来了很大的启发。

于是，基于自己的文献阅读和受训体会，我撰写了一篇题为"儿童的投入——系统地反思托幼机构的教育过程"的文章，并将其发表在《上海托幼》杂志的 2003 年第 4 期上。回国后，我专门填写申请表，从比利时鲁汶大学邮购了该量表、培训视频的光盘和与此工具配套的理论文集，在为研究生教授"学前教育评价"这门课程时，将自己对这个量表的研习作为教学内容之一。我所做的这些事情进一步引发了我指导的两名研究生赵燕（本书译者之一）和曹淼的研究兴趣，她们在自己的硕士学位论文研究中运用了这个工具。

在本书中，不仅有英国学者对该量表相关理论的深入研究，还有他们在早期教育领域广泛运用该量表的实践。本书还分享了他们基于对儿童活动过程中卷入水平的评价改进室内外环境、活动组织与互动、幼教机构管理、家园共育等方面的丰富经验，显示出这一工具对于早期教育的巨大潜力以及工具背后有关人类学习理论的强大生命力。着眼于儿童在活动过程中的体验，反观托幼机构的保教质量这一思路，在我国幼教界日益关注保教过程质量评价与改进的背景下，相信会给我国的幼教同行带来相当大的启发。本书的多位作者在早期教育领域中扮演的角色不同，他们在本土条件下开放地学习国外理论和工具，并在自己的实践中加以检验的过程，相信也会让我国的幼教工作者有一些感触。

对于本书中出现的某些具有原创性的关键概念，我们在已有的中文学术资源库中很难找到现成的准确译法。因此，在翻译时，我们尽可能查阅和比照多种语言的词典，并结合概念形成的理论背景进行推敲，为便于读者理解，在此对一些英文概念的译法做必要的说明。

英国学者将荷兰语"Betrokkenheid"译为"involvement"（参与），而不是另外一些同样有"参与"意思的单词，如"engagement""participation"，可能是因为他们认为"involvement"比其他单词更贴切地反映了该量表编制者原来用词的含义。鉴于本书中"engagement"一词也高频率地出现，因此译者在翻译时更需要对二者的中文用词做区分。在反复权衡"参与""投入""卷入"这几个词语过程中，我们也查阅了其他同类英文量表的普遍译法，最终决定把"involvement"译为

"卷入",把"engagement"译为"参与",以示区分。在英语世界中,人们对二者的区别之处也各有各的说法,甚至观点截然相反:有的人倾向于认为"'involvement'更包含主体的情感和主动性",而另一些人认为"'involvement'只是中性词,也包括了那些被动(非自愿)地卷入某事的情形",但"'engagement'更体现了主体的关切和承诺"。这给中文翻译带来了极大的困难。因此,我们的建议是,读者尽可能结合本书上下文中详细的术语界定来理解这个关键词的含义,而不要单纯地对"卷入"这个中文词自行生义。

莱弗斯教育思想中另一个核心词"well-being"在本书中出现的频率也极高,而它的中文译法五花八门,在不同的情境中被译为"幸福感""福祉""安康"等。我们结合莱弗斯有关"well-being"的论述——聚焦于身心健康,特别关注舒心、自在等生存状态,因此最终选择"康宁"这一译法,既包含了身体的健康,也包含了情绪的安定。本书第六章的作者在引用案例时把"health"(健康)与"well-being"并列表述,其他地方也出现了"psychological well-being""mental well-being"这样的表述,这说明即使是以英语为母语的人,对"well-being"的理解也会有所不同,但这在本书中只是个别现象。总体而言,根据莱弗斯的用词,"well-being"意指"身心整体状态",因此"康宁"可以更准确地表达其意。

本书引用了很多著名学者提出的概念,译者尽可能采纳中国学术界通用的译法,以免读者产生陌生感,也便于读者借助中文释义进一步了解这些术语的含义。

此外,书中存在一些含义比较模糊的"统称",它们源于英国幼教体系的特征。英国幼教机构的类型众多,从业人员的名称、资质也各不相同,所以作者在书中使用了一些可以涵盖所有类型的统称,如"setting""practitioner",前者指各种幼教机构,后者指各种类型的幼教工作者。因此,我们采用"幼教机构"而不是"幼儿园"这样的译法,采用"幼教工作者"而不是"教师"这样的译法。为了使行文更通顺，我们只在个别地方将"practitioner"译成了"实践者"。

最后一个需要说明的单词是"provision"，它意指教育机构中为学习者提供的所有学习条件，既包括教师创设的环境、提供的材料，也包括为儿童提供的学习机会、活动和指导等。为了更好地体现它的含义，我们接受了本书策划编辑高君老师的建议，将其译为"教育供给"。

本书的翻译由两名译者分工合作完成：第二、三、五章由赵燕负责翻译，其余部分由郭良菁负责翻译，全书由郭良菁审校定稿。如有不当之处，敬请同行、读者批评指正。

郭良菁

2024 年 5 月于南京

前　言

安妮·伍兹（Annie Woods）

让儿童深度卷入自己的活动，是贯穿我们的前两本书［2013年出版的《儿童发起的游戏和学习：为无限的可能性而规划》（*Child-Initiated Play and Learning: Planning for Possibilities in the Early Years*）①和2014年出版的《有效学习的特征：创造和捕捉早期教育中的可能性》（*The Characteristics of Effective Learning: Creating and Capturing the Possibilities in the Early Years*）］的主旨，这两本书探讨了成人如何为可能性而计划、追随儿童的兴趣进行共情式观察以及基于儿童有效学习的特征来支持他们学习和发展等。这种取向和理念建立在多年实践的基础上，我们认为，它超越了过去30年来早期教育领域频繁变化的课程格局。我们的写作和教学采用了"卷入水平"（levels of involvement）一词，我们期待作为读者的你也将熟悉这个词语。你们中的许多人一定参加过地方教育局和幼教协会提供的培训，参加过"有效的早期学习项目"（Effective Early Learning Project，EEL）（Pascal & Bertram，1997）和最近的"婴幼儿有效的早期学习项目"（Baby Effective Early Learning Project，BEEL）（Pascal & Bertram，2005），也参加过一些研究活动和全国会议。费雷·莱弗斯曾在这些活动中介绍过他始于1976年的研究，

---

① 该书第二版的简体中文版已由中国轻工业出版社于2020年出版。——译者注

目前仍在与其他人一起进行着相关研究，并通过儿童视频和《鲁汶卷入量表——幼儿版》（Laevers，1994）介绍他的研究进展。其中，《鲁汶卷入量表——幼儿版》由比利时鲁汶体验式教育中心开发，在过去的25年里传播至澳大利亚、新西兰和英国等国家。

本书通过仔细探究多种价值观、信念、计划和环境背景，探讨在幼教机构中将儿童的卷入水平作为促进他们体验式学习的一种工具这一做法背后的思考。借鉴费雷·莱弗斯的研究，本书作者探究了影响体验式教育（experiential education，EXE）的一些理论概念、测量康宁和卷入水平的过程及其在机构中的运用、使用量表和观察的方法对日常幼教实践的影响、儿童的深度学习以及成人的卷入。我们关注儿童的深度学习能力，并反思它所展现的引人入胜的可能性。我们使用来自一系列机构的案例，展示幼教工作者如何以及为什么要在他们的机构中使用《鲁汶卷入量表——幼儿版》，并提出一些引发思考的问题，为本专业学生和工作人员提供反思和自我评估的机会。这些都将为我们自己持续的专业学习提供很多潜在的可能性。先了解儿童的卷入水平，再商讨评分只是整个过程的一部分，关键在于我们如何利用这些信息。

我们承认，我们的探讨类似解释，或许带有主观色彩。莱弗斯曾提到我们在本书中论及的理论家。他在发表的论文、研究报告和会议发言中一再肯定让·皮亚杰（Jean Piaget）、卡尔·罗杰斯（Carl Rogers）和米哈里·契克森米哈赖（Mihalyi Csíkszentmihályi）对他的影响。我们推测，他也受到了芭芭拉·罗戈夫（Barbara Rogoff）、尤里·布朗芬布伦纳（Urie Bronfenbrenner）、列夫·维果茨基（Lev Vygotsky）、约翰·杜威（John Dewey）和苏珊·艾萨克斯（Susan Isaacs）的思想的影响。莱弗斯（2009）认为高瞻课程（High Scope）、瑞吉欧·艾米利亚

（Reggio Emilia）教育和新西兰草席教育大纲（Te Whāriki）[①]也包含类似的"开放框架取向"（open frame work approach），重视学习倾向、儿童的兴趣和项目活动，而不是要达成具体的结果和目标的固定课程。

> 体验式教育的核心是：无论你做什么，你都要把学习者的经验作为参考点。这意味着，你要努力去感知、去体会、去理解别人是如何理解这个世界的。
>
> （Laevers，2009：online）

"你所做的事情要能给儿童带来康宁和较高水平的卷入"（出处同上）是对弗里德里希·福禄贝尔（Friedrich Froebel）、让-雅克·卢梭（Jean-Jacques Rousseau）和鲁道夫·斯坦纳（Rudolf Steiner）观点的呼应：儿童是教育过程的中心。我清晰地记得我第一次看培训视频和阅读穆恩（Moon）与莱弗斯于1997年所编的关于体验式教育的手册（Laevers et al.，1997）的情景：视频中，一个班级的教师给孩子们提供了新鲜的大黄，孩子们可以观看、食用、烹饪或进行其他探索。有的孩子试着用胡椒做菜，有的孩子试着用糖来烹饪大黄。其中，在大黄的叶柄处发现蜘蛛的那个孩子，随后开始深度地卷入对蜘蛛的研究中，教师穆恩鼓励他继续这个自发的学习之旅。孩子们探索大黄，其结果是未知的，但这一过程显然给他们的学习提供了丰富的可能性，这些可能性可以立刻被观察到并记录下来。正如维果茨基（Vygotsky，1978，p.102）所说："在游戏中，孩子好像比自己高一头。"穆恩（1997，p.12）评论道："准备好东西，就为一天做好了准备。真正的冒险之旅可以开始了，

[①] 新西兰原住民毛利人的语言，意为"编织而成的草席"。作为教育大纲的名称，它有两层寓意：一是早期教育课程是在儿童、家庭、幼儿园和所有幼教工作者的共同协作中形成的，每个人都是课程的"编织者"；二是可以用草席比喻发展中的儿童，因为个体的发展包括身体和心理等方面，各部分紧密相连，从而构成完整的人。——译者注

没人知道结果会是什么。"

  孩子们偶然发现了一只蜘蛛,这并未被看成对正在进行的活动(即切割和品尝大黄)的干扰,相反,教师采取了灵活的态度,将遇到蜘蛛作为一个激发孩子们的探索动力的机会。在这个活动中,开放的组织形式也是非常重要的。我们注意到,孩子们如何在开放的组织形式中学习灵活应对意外事件,以及如何开始自我引导……教师帮助孩子们从蜘蛛事件中获得一些新的体验,她明确要求孩子们集中注意力,鼓励他们仔细观察并描述他们所看到的东西。她还邀请他们把蜘蛛放在手指或腿上爬,感受这种新的感觉……教师带他们阅读了一本关于昆虫的书,使他们学会将符号、标志和图片与他们在特定时刻所处的现实联系起来。

（Laevers et al., 1997, pp. 42–43）

正如里纳尔迪（Rinaldi）（Dahlberg & Moss, 2005, pp.106–107）所评述的：

  学习不是以一种线性的方式进行的,确定而不可逆转,也未必是渐进的和可预测的。在学习过程中,前进、停滞和"后退"可能会同时发生……它会受交流的节奏、时机的把握和儿童的调查研究的影响……教师与儿童在实验和研究的过程中建立伙伴关系,儿童先提出一个问题,然后寻找解决方案。

罗戈夫（Rogoff, 1990, p. 193）告诉我们,有关学习做计划的研究表明,学龄儿童是在擅长制订计划的伙伴的引导性参与（guided participation）下习得的。这项研究支持了莱弗斯（Laevers, 2005, p.8）的观点：

  "康宁"和"卷入"很受教师们的欢迎,他们觉得这两个概念对提高工作质量最具有激励作用,很有助益。这两个概念与许多教师的直觉相符，为他们的已有经验提供了基于科学的证实：当我们能够让儿童进入那种"心流状态"时，发展必将在活动所涉及的学习领域内发生。

我们期待你熟悉"卷入水平"的概念和本书中提到的理念与实践，理解我们在这里探讨的内容。莱弗斯分享的内容通俗易懂，因此更应得到我们最高的尊重，这促成了《鲁汶卷入量表——幼儿版》的开发和广泛应用。

> 这就是体验式教育的意义：挖掘和增强人们的能量，将他们带入一个深度学习的正向循环中。只有这样，我们才能使学校更加有效和强大，以应对教育面临的挑战：培养自信、心理健康、好奇和喜欢探索、善于表达和沟通、富有想象力和创造力、充满主动性、做事有条理的人……

（Laevers, 2005, p.9）

杜比尔（Dubiel, 2015）引用了英国《卫报》（*Guardian*, 2014）和现任教育部部长的话：

> 摩根（Morgan）在阐明她个人的优先事项时说，她想把重点放在"品格教育"（character education）上。"我的意思是，把重点放在我们在生活中都需要的额外的品格（如韧性、毅力、自尊和自信）上。"

2014 年，英国教育标准局（the Office for Standards in Education, Ofsted）对杰出的实践进行了如下描述：

> 儿童的积极性很高，非常渴望参与活动，展现出有效学习的特征，有很强的好奇心、想象力和专注力。他们聚精会神地倾听，积极回应成人和同伴。他们不会分散别人的注意力，也不会分散自己的注意力。

我们想说，在滋养性、激励性的环境中展现出高度卷入水平的儿童能够表现出这些特点，他们有时间、空间和机会去体验、试验和参与令人非常满意的多种活动。

鲁汶研究所开发的工具，是一个重过程的自我评估监测系统（Process-Oriented Self-evaluation Monitoring System，POMS），重视学习过程和学习质量的重要性。许多地方当局已经鼓励其幼教机构引入卷入和康宁量表，将其"作为一种被公认的方法，用来测量儿童的学习过程和成就，而不再只依赖学习结果"（Wiltshire County Council[①]）。2015年，莱弗斯与英国肯特郡议会、米尔顿·凯恩斯镇就"康宁与卷入：每个儿童可持续发展的捷径"这一主题的研究做了报告（Nursery World Show and Conference[②]，2015）。在过去十年中，莱弗斯与英国多个地方教育局之间有着密切的关系，但在当前的情况下，我们有一种感觉，地方当局正在推出进一步的质量测评工具。例如，将鲁汶量表上的4级或5级水平的数字作为一种结果指标，而不是与《幼儿学习环境评分量表》（Early Childhood Environment Rating Scale，ECERS）、《婴儿和学步儿学习环境评分量表》（Infant/Toddler Environment Rating Scale，ITERS）和基线评估一起用于过程测评。莱弗斯（2007，p.55）谈论道：

"深度学习"概念最大的影响之一是在教育评价领域，我们（尤其是教育当局）要质疑的绝不只是急于测量学校的成绩。

在2015年2月的幼儿园世界会议和高级讲习班上，莱弗斯谈到了英国坚持用具体的发展结果来测评质量，而他坚定地认为，质量存在于幼教工作者教育过程的水平中。这种争论在过去、现在和将来都一直存

---

① 即英国的威尔特郡议会。——译者注
② 即世界幼儿园展示与会议。——译者注

在，他说"专业人员能够做出判断，他们不是按照配方工作的技术员"。杜比尔在那次会议上也探讨了幼教工作者在2016年非法定的基线评估开始时会面临的困境，这项评估包括6种模式，只有一种模式使用直接观察（包括康宁和卷入水平）的方法，其他5种用的都是测试。他质疑道，对有意义的学习的评估能在多大程度上简化为生成的分数。

本书旨在继续之前关于为可能性而计划的讨论，用儿童的真实案例描述儿童高度卷入状态下有效学习的特点。如莱弗斯（Nursery World Show and Conference，2015：我的会议笔记）所说，"聚焦过程，即时反馈，这样下一个最近发展区就会出现，改变对儿童的感觉，这将赋予家长力量，他们开始有了希望"。他说：

> 卷入本身就是高强度的心理生活的反映，它不局限于某一类型的活动，是几方力量的接合点。卷入的确包括社会互动，卷入欢迎教师使用自己的直觉。让我们从当下出发，认可你迄今为止的收获。无论目前儿童的卷入水平如何，让我们作为一个团队共同努力提升这一水平。从这个角度看，有意采取的行动所导致的哪怕很小的提升，也会被体验为成功，让人们从中获得新的能量，再迈出一步。运用卷入并不会牵制教师，而会给他们带来感受工作回报的方法！

（Laevers，2002，p.19）

因此，我们认为，高水平的卷入就标志着所提供的环境空间、活动和工作人员的参与是高度相关且适宜的，这些工作人员也会感到非常满足和幸福。

在第一章中，我探讨了莱弗斯的研究和著作，以发现支撑其体验式教育的理论影响，以及他如何编制《鲁汶卷入量表——幼儿版》以支持幼教工作者对环境以及环境中儿童卷入水平和康宁情况的评估。其理论

XII 幼儿游戏卷入水平观察与评价——激发孩子的无限可能性

框架特别反映了约翰·杜威、让·皮亚杰、列夫·维果茨基、卡尔·罗杰斯和米哈里·契克森米哈赖的观点，莱弗斯在他的许多期刊文章和会议演讲中经常提到这些人对他的影响。本章提供了这些人的思想的概要，可以使我们想起作为有效的早期教育实践基础的哲学马赛克拼图。这些理论涉及以儿童为中心、体验式学习、社会建构主义等观点，以及对学习者如何行动、怎样的行动被视为深度参与等问题的探索。对莱弗斯来说，高水平的卷入是深度学习的一个标志，而且早在1976年，他就打算将此作为实践者对实践进行批判性反思的抓手。

在探讨了许多似乎影响了《鲁汶卷入量表——幼儿版》这个实用工具开发的理论后，在第二章，我写到与一位景观建筑师和一家幼教机构一起做的一项简短的研究。我和其他人一起探索了如何使用该工具来发现儿童卷入的标志性表现，然后如何使用我们看到的标志性表现来评估儿童的学习环境和活动。该幼教机构开启了重新定位的过程，希望利用这些发现来设计一个更适宜、更能激发儿童兴趣的户外空间。费利西蒂·鲁宾逊（Felicity Robinson）就活动和讨论做出了如下反馈。

  作为一名景观建筑师，我对环境如何影响行为（从最广泛的意义上讲）的问题非常着迷，这些年来我对此做了很多研究。莱弗斯的卷入量表是我的另一种"观察方式"，我一定会在未来的设计中使用它观察幼教机构的环境。许多幼教机构有着过多的固定设备，如我们所知，被过度"设计"，以至于儿童很少有机会被自然材料和微妙设计所提供的"默认用途（affordance[①]）"吸引。我甚至认

[①] "affordance"的概念源于心理学家詹姆斯·J.吉布森（James J. Gibson）的知觉理论，指物体或环境本身固有的特性会暗示它们可以被如何使用，从而发挥特定功能。例如，一把椅子可以提供"坐"或"支撑"的功能，门则可以提供"打开"的功能。也有人将该词译为"能供性""可供性"或"功能可视性"。在设计领域，"affordance"概念被用来强调产品与用户之间的直接关系，即产品应该通过其物理特性和提示性特质，直接告诉用户它的作用，使用户能够在无意识的动作下使用产品。——译者注

为，所有儿童环境的设计师都应该对莱弗斯的著述有所了解……当然，幼教工作者在这方面与景观建筑师进行合作有很大的可能。

（Felicity Robinson，2014，私人交流）

莱弗斯重过程的取向对于从事儿童工作的实践者和成人学习者来说，是一种赋能，富有启发性，随着过程的演进，结果就会逐渐显现。观看志愿者卷入与孩子们的互动拓展了许多幼教工作者的晨间反思，引发了很多讨论。后续的章节也对这项研究进行了探讨，前两章奠定了理论原则方面的基础。

在第三章中，维多利亚·布朗（Victoria Brown）探讨了莱弗斯的"十项行动要点"（Laevers et al.，1997）。她有三个目的，即探讨根据个人需求规划环境和教育供给、社会文化背景与学习内容（为孩子提供什么）之间的关系以及学习环境中广义的课程。从某种意义上说，"十项行动要点"既阐述了莱弗斯思想的理论基础，也阐述了卷入量表。"十项行动要点"是一些评价性问题和要考虑的领域，教师在观察儿童及其活动环境后可以参照它来思考，以提高可能发生的儿童学习的质量，提高儿童卷入和康宁的水平，并为儿童兴趣的不断发展而有针对性地提供空间和活动。布朗在撰写本章时，与一位教师进行了密切合作，同时参考了她在长期培训教师过程中所积累的经验。

"学习作为社群共生的过程"（Rogoff et al.，2001）构成了第四章的内容，介绍了莫伊拉·莫兰（Moira Moran）、萨莉·麦克米金（Sally McMeeking）和达努西亚·泰勒（Danusia Taylor）的合作项目。该项目旨在评估户外经历对儿童在森林学校类活动中卷入水平的影响。这一章是对话式的，如马拉古齐（Malaguzzi）所说，展现了"一场乒乓球游戏"——思想（球）来回碰撞，可以激发评论和反思。作为本书的作者，我们既想强调卷入水平背后的理论概念，也想呈现真实的实践样貌，展现对儿童卷入深度学习的观察过程怎样成为我们日常实践的组成部分。

正如我们在之前的书中所述，有关儿童和成人参与活动的案例增进了我们的理解，也一定会引起许多幼教工作者的共鸣。

维基·麦克尤恩（Vicky McEwan）参与并主导了"有效的早期学习项目"（1997）和"婴幼儿有效的早期学习项目"（2005）两个项目的实践，并在本书第五章中探讨了成人对儿童卷入情况进行观察的重要性。她探讨了莱弗斯等人为进一步支持对幼教机构以及实践者的技能和态度进行批判性反思和评估而开发的"成人教育风格观察系统"（the Adult Style Observation System，ASOS，1997）。麦克尤恩所讨论的大部分内容都反映了温格（Wenger）的"实践共同体"（community of practice）理念，并以关键的领导特质（key leadership dispositions）为基础。

朱莉·肯特（Julie Kent）在第六章中进一步探讨了这一点，她记录了自己管理幼儿园的从业经历，通过采用莱弗斯观察儿童和成人的方法，进一步促进了幼儿园创建全纳和包容的精神环境。虽然只介绍了一家机构，但对于这一历程，我们都不会感到陌生。工作人员努力为家庭和社区提供一个支持性的环境，同时努力平衡和结合不断变化的外部需求，真正探索如何建立布朗芬布伦纳提出的生态系统。作为领导者，肯特采用了有关员工培训、精神面貌和一以贯之的哲学的理念，这些使实践新手在学习有关儿童发展、家庭和社区环境以及领导力理论时受益匪浅。

凯瑟琳·格里普顿（Catherine Gripton）在最后一章中表达她的想法时与我们的前两本书联系起来。她概括了我们的理念，即通过与儿童共处的经历，真实而有意义地理解我们所看到的一切，然后通过教育供给培养具有不同特点的儿童。长期以来，在应用"儿童的卷入水平"方面，人们一直坚信：作为幼教工作者，我们能够为促进儿童的深度学习而评估和计划。

目 录

第一章　为什么关注卷入 1
　　卷入 4
　　皮亚杰的影响 8
　　解决问题的儿童 10
　　契克森米哈赖的"心流状态" 14
　　体验式教育 17
　　正向螺旋 20
　　生态系统理论 23

第二章　给卷入评级 27
　　卷入量表介绍 28
　　根据卷入水平评价教育供给 36
　　体验式教育和"适合目的"的课程 39

第三章　支持卷入的环境 47
　　物理学习环境 50
　　让儿童卷入：儿童想要什么样的空间 51
　　真实的资源 53
　　观察、支持、丰富游戏和环境中的供给 54
　　回应儿童的兴趣 55
　　时间 58
　　互动和延伸游戏 59
　　社交和情感学习 63
　　满足个体需求 65

第四章 户外活动中的卷入水平 ... 69
- 在教室外学习 ... 71
- 归属感与认同感 ... 74
- 反思与评估 ... 77
- 风险与挑战 ... 79
- 当前关切的问题 ... 81
- 森林学校 ... 83
- 信任儿童 ... 85

第五章 教师参与在支持儿童卷入中的作用 ... 89
- 为什么成人参与很重要 ... 90
- 成人与儿童互动的核心要素 ... 92
- 幼教机构中的同伴观察 ... 100
- 在机构中发展同伴观察系统 ... 104

第六章 关注卷入水平 ... 109
- 将康宁和卷入融入幼儿园实践 ... 109
- 一种管理的视角 ... 112
- 与家长合作的旅程 ... 114
- 使用有关康宁和卷入的鲁汶量表 ... 116
- 儿童中心的核心目标 ... 119
- 一段旅程的结束和开启新旅程的尝试 ... 124

第七章 通过评估和为可能性而计划来支持卷入 ... 127
- 对过程的评估 ... 130
- 通过评估支持卷入 ... 133
- 通过计划支持卷入 ... 137
- 总结 ... 142

参考文献 ... 145

第一章　为什么关注卷入

你在用一系列的观察方法和技术来帮助自己支持儿童学习。在你作为学生、幼教工作者或家长的过程中，你已经发展了这些技能。你可能是学生，刚刚开始理解为什么以及如何观察儿童对于有效设计儿童学习环境和采取干预措施至关重要，最重要的是，你需要与家长分享儿童所表现出的惊人的发展；你也可能是管理者和顾问，帮助幼教工作者使用一系列工具来观察和评估儿童，并为他们提供维持和促进高质量儿童保育和教育的方法。事实上，在我访问幼教机构、与幼教工作者交谈时，大部分人都听说过、认可和使用过"卷入水平"这一术语并把它充分整合到其评估实践中。也许不太明了的是，我们在多大程度上理解《鲁汶卷入量表——幼儿版》为什么和怎样成为幼教工作者工作中如此重要的一个方面。

本章从专业和个人的角度对莱弗斯的研究和实践进行了探究，以帮助幼教工作者深入了解有效的实践，同时探究了一系列理论思想，它们可能会为我们了解儿童个体和儿童群体的卷入水平并采取相应的行动提供启示。本章的目的在于探讨，莱弗斯的研究是如何受到研究人员和理论家的影响并继续为当前的实践带来启发的。由于莱弗斯一直在工作、写作、提建议和做研究，他表达自己的想法时非常清晰而流利，你可能已经亲耳听到过，因此我会直接引用他的原话，可能比通常直接引用的篇幅更长。此外，本章也会探讨莱弗斯的"体验式教育"这一概念，因为这是他工作中的一个贯穿始终的重要方面，而我们这些不断培训他人运用重过程取向的教育方法的人，却未必对此进行过充分探索。

在第二章中，我们从"为什么要关注卷入水平"转向"如何关注卷入水平"：使用卷入水平观察量表，参照关键要素进行反思性自我评估，深化我们的有效实践，使用收集到的关于儿童在活动中的表现的信息，通过改善环境来提高儿童的卷入水平。

多年来，我一直很荣幸能鼓励学生探索那些启迪当前幼教工作者思考和实践的哲学和教育学，评论布鲁斯（Bruce，2005）所说的"童年传统的基石"（the bedrock of the early childhood traditions）。正是通过观察，我们可以从莱弗斯的研究论文、讲座、演讲以及他与地方当局、咨询团体、苏格兰教育局、高瞻课程教育者及儿童中心以及在瑞吉欧·艾米利亚、新西兰和比利时鲁汶大学体验式教育研究中心的多次交流中追溯他的理论影响。

莱弗斯和海伦（Laevers & Heylen，2003，p.3）写道：

> 1976年5月，12名佛兰德斯[①]的幼儿教师在两名教育顾问的协助下开始了一系列课程，旨在批判性地反思他们的实践。他们的方法是"体验式的"，目的是近距离地、逐时逐刻地描述进入教育机构并在其中生活对幼儿而言意味着什么。

2011年，莱弗斯又提到：

> 体验式教育这种教育模式是在20世纪70～80年代从比利时佛兰德斯幼教机构中对幼儿的一系列观察演变而来的。自那时以来，体验式教育已发展为佛兰德斯幼儿教育领域最具影响力的模式之一，并在世界各地传播，包括澳大利亚、克罗地亚、厄瓜多尔、

---

① 西欧的一个历史地名，如今只是一个文化概念上的区域（比利时的北部地区），荷兰语是当地的通用语言。——译者注

芬兰、法国、德国、爱尔兰、日本、荷兰、葡萄牙、南非和英国。总而言之，体验式教育将康宁和卷入视为深度学习和学习环境有效性的衡量标准。由于幼教工作者可以很容易地了解这些高质量学习的指标，因此重过程取向的策略可以有力地帮助他们开发儿童的巨大潜力。该模式已在学前教育、特殊教育、中等教育、高等教育和在职培训方面得到进一步发展。

从学习者层面研究质量，体验式教育理论表明，评估任何教育机构（从学前教育到成人教育）的教育质量最经济的方法——特别是从学习者的角度来看——是关注两个过程维度：学习者"情感上的康宁"和"卷入水平"。"康宁"表示孩子的基本需求得到满足，是指他们感到自在、能够自主发起行动、表现出活力和自信的程度；当孩子们集中注意力、感兴趣、着迷并尽其所能地做事时，"卷入"将是显而易见的。

如惠利（Whalley, 2007, p.58）所说：

莱弗斯的研究是成熟和严谨的，特别对幼教工作者而言很容易理解。莱弗斯一直在关注学习的过程，同时关注学习成果或产出。他对孩子们在学习时的内在状态很感兴趣。

爱德华兹等人（Edwards et al., 2010, p.136）也同意：

过程重于结果的态度，有助于儿童学习和获取知识。过程比结果更重要，过程一直被强调是学习的重要组成部分，说明参与游戏的行为比游戏本身产出的东西更重要。

曼宁－莫顿和索普（Manning-Morton & Thorpe, 2003, p.110）也阐述了这样的观点：

莱弗斯编制了《鲁汶卷入量表——幼儿版》，将其作为评估学习环境对儿童影响的一种手段，并根据某些明确的信号，观察和评估儿童在游戏中的卷入水平。他将"卷入"描述为人类活动的一种特质，表现为专注和坚持。它的特点包括：有内驱力、着迷、对刺激持有开放的心态以及拥有感官和认知层面的强烈体验。

当研究莱弗斯的思想时，许多术语、观点、概念和主题被重复提及和强调，构成了他研究儿童学习的理论方法和实践的基石，并被纳入"卷入"的标志性表现和标准中。

他的用语和思想似乎体现了皮亚杰、罗杰斯和马斯洛（Maslow）、契克森米哈赖、杜威、维果茨基、布鲁纳（Bruner）、罗戈夫和布朗芬布伦纳的理论和方法，以及斯坦纳、麦克米伦（McMillan）、艾萨克斯和卡尔（Carr）的观察研究。正是这些理论家，让我们得以探究莱弗斯的研究工作，以支持和加深"我们对游戏和观察的重要性的理解，从而随'童心'而动"（Pound，2011，p. 40）。很少有幼教工作者不熟悉这些理论家或莱弗斯发表的作品中的用语。

卷　　入

莱弗斯（2007a，p. 61）这样界定"卷入"的概念：

卷入是人类活动的特性，突出表现为：专注和坚持，较强的动机，对意义的热切感知和体验，充沛的精力，强烈的满足感，较强的探索欲以及拥有基本的发展计划。卷入是人类活动的一个维度，它与特定类型的行为无关，也与特定的发展水平无关。

这种高强度的体验表明，大量的心理能量正在以最有效的方式被调动和使用。此外，这些活动反映了特定的人所能达到的能力水平，一个人不可能卷入过于简单或需要更高能力的那些活动。卷入的人有很强的动机，但我们必须强调，这种动机的源泉是探索欲、对于理解和学习的渴望，以及勇于面对现实的动力（从字面和比喻的意义上来说），卷入必定关涉内在动机。

我们假设这种活动会渐进或突然地导致基本计划的转变。

在评论乌尔里克和迈尔（Ulrich & Mayr, 2003, p.183）的研究时，莱弗斯重申了他们的结论：

卷入作为单一的概念，"涉及儿童活动的动机、情感和认知各个方面"。一个正在卷入的人会将他的注意力缩小到一个相对有限的范围内（专注）。同时，有一种持续活动的趋势（坚持）。一个卷入的人会着迷，并会全身心地付出（动机强）。这种状态的一个公认的标志性表现是时间感知力变弱：时间流逝却不被注意到。在认知功能的层面上，具备警觉性并对相关刺激保持开放。其感知是非常新鲜、生动的，在抽象认知的层面上，能非常深刻地感受到意义。活动伴随着身体感受到的积极的能量流和强烈的满足感。这种满足感来源于一种复杂的动机，可以归结为探索的动力，即更好地把握现实的基本需求（内在动机）。此外，卷入处于个人能力的极限边缘或"最近发展区"。卷入的人充分发挥其潜在的能力。最后，由于前面定义中提到的所有方面，卷入被视为发展变化正在发生的标志，这种变化被界定为"深度学习"。

（Laevers, 1993）

莱弗斯的《鲁汶卷入量表——幼儿版》中对卷入的标志性表现的阐释体现了以上很多观点（见表1.1）。

表 1.1 《鲁汶卷入量表——幼儿版》中卷入的标志性表现

专注

儿童正在把注意力缩小到他的活动范围内。只有非常强烈的刺激才能吸引并分散他的注意。观察者（对大多数活动而言）可参考的主要一点是儿童眼睛的移动：眼睛是盯着材料看，还是会时不时地走神？

能量

运动类的活动涉及能量，幼教工作者甚至可以将热血沸腾视为卷入的一个衡量指标。在其他活动中，大声说话（喊叫）和转瞬即逝的一些动作等身体活动仍然可以被关注。然而，这些绝不能与发泄被压抑的能量（如某人不得不长时间保持安静）混为一谈。心理能量可以在行动所表现出的热情中变得显而易见，或者更抽象地说，显现在"努力"的表情中。

复杂性和创造性

儿童在卷入的活动中处于最佳状态。这些活动与其能力相匹配，他们可以充分运用自己的认知能力和其他能力。因此，他们的行为绝不仅仅是应付差事。复杂性多半会涉及创造力：儿童在活动中加入个人元素，从而产生一些新的东西，其表现不可被充分预测，展示出个性。

面部表情和姿势

在评估卷入程度时，非言语的标志性表现有很大帮助。例如，儿童会表现出两种不同的眼神：一种是在不同的点之间游离的恍惚状态；一种是认真地注视。在讲故事时，成人可以直接根据儿童的面部表情判断他们的感受和心情。整个身体姿势也能反映出儿童是高度专注还是感到无聊，成人甚至可以从儿童的背后看出他们的（非）卷入水平。

坚持

儿童在集中注意力时，会将全部注意和精力集中在一个点上。儿童的坚持反映在专注的时长上。卷入的儿童不会轻易放弃行动。他们希望在紧张的活动中体验到的满足感能够持续。他们也非常愿意付出必要的努力，不容易被微不足道的活动分散注意力。具有卷入性质的活动往往会持续进行（时长取决于儿童的年龄和发展水平）。

精确性

卷入的儿童会特别关注他们的工作：他们对细节很敏感，在行动中表现出追求精确。没有卷入的儿童往往会漫不经心地参与活动，他们疏忽大意，常常会漏掉以口头语言为主的活动中一些不太明显的细节（偶然的词语、手势等）。

续表

反应敏捷

儿童很机警，容易对有趣的刺激做出反应。他们实际上会立即行动（例如在教师介绍了几种可能的活动之后），以此表达强烈的动机。他们也会对行动过程中出现的与他们有关的新刺激做出反应。

口语表达

儿童有时会通过自发地评论（"我喜欢这个！""能再来一次吗？"）明显地表现出他们正在或已经卷入活动中，还会通过热情地描述自己正在做的事情（比如情不自禁地用语言表达自己的体验和发现等）来明显地表现出活动对他们很有吸引力。

满足感

具有卷入性质的活动往往会引起一种"满足感"。这种感觉的来源可能各不相同，但一定包含着"探索""把握现实""对某些刺激做出反应"。这种满足感通常是内隐的，但有时人们也可以注意到一名儿童非常满意地看着自己的作品，并触摸它……

©《鲁汶卷入量表———幼儿版》，卷入的标志性表现（Laevers，1994）。

莱弗斯解释说（大胆地强调）：

卷入水平高的儿童会高度专注，为他们的活动所吸引。他们表现出兴趣、动机强甚至着迷。这就是为什么他们倾向于坚持下去。他们的模仿和姿势表明，他们有强烈的心理活动。他们充分体验感觉和意义。强烈的满足感来自他们的探索动力。当孩子表现出卷入时，我们知道孩子正在尽其所能。由这些特性可知，卷入是引起深度学习的条件。

（Laevers，2005，p.10）

下面的案例（Woods，2013，p.56）在40分钟的时间里展示了着迷、专注、兴趣和满意的许多方面。弗雷迪赋予了瓢虫声音和情感，向我们展示了他是如何被外套上的瓢虫影响的。我们可以将这种学习与皮亚杰的万物有灵论和罗杰斯对他人的"共情理解"联系起来（Rogers，1983）。

> **案例：瓢虫的话**
>
> 弗雷迪（穿着带瓢虫的外套）：他爱我。他想和我一起回家。（假装瓢虫讲话）我不能飞，因为我没有翅膀。我只能是他的宠物。（对我说）为什么瓢虫走路时要换腿？爬上去还有很长的路要走，也许他可以一直爬到这里。等等看吧。他能爬上我的拉链。他永远不会从我这儿飞走。他可以爬上树（举起瓢虫到树上）。

（Woods，2013，p.56）

皮亚杰的影响

弗雷迪的"精通"和"技巧"，加上他对瓢虫的专注和耐心，让人想起了皮亚杰所说的"理论上的观察"（theoretical observations）。卷入的标志性表现显然"基于建构主义的传统，真正的学习会对能力和倾向所基于的深层次认知结构产生影响"（Laevers，2006，p.20）。在最近的一篇论文中，莱弗斯：

> 提及"深度学习"的概念，以及两个问题——我们何时才能说真正的发展变化发生了？这些变化是如何发生的？——提到建构主义传统，详细阐述了"基本图式"的概念，重新审视了"同化"和"顺应"的观点；进一步指出，"卷入"被认为是发展的必要条件。

（Laevers，2007a，p.53）

他在解释皮亚杰理论的基本原理时，还引用了伯恩斯（Birns）和戈尔登（Golden）的论述：

> "同化是将既定的行为模式应用于熟悉的或新的情境中。如果行为成功，孩子就不会被迫在新情境下改变自己的行为。然而，如果行为不成功，孩子就必须调整或改变自己的行为以适应新的情

境。顺应，即改变在新情境下行不通的既有行为模式。"

促使一个人顺应的动态过程被概念化为"调适"：心智系统努力达到"平衡"。根据皮亚杰的理论，心智系统追求的是同化和顺应之间的平衡。

（同上，p. 57）

弗雷迪表现出了对"他的"瓢虫的高度卷入，他观察了这只昆虫在走路时是如何"交换"腿的，也许这是他第一次注意到六足昆虫在不飞的时候会用前后相反的动作攀爬。弗雷迪看到过瓢虫在树叶上爬行，也看到过瓢虫从一株植物飞到另一株植物上。他现在必须同化关于六条腿昆虫如何走路（而不是像自己用两条腿走路）的新知识，可能在未来遇到其他四足和六足的生物时做出顺应，例如在观察到其他节肢动物（如蜘蛛）时对这个新学到的知识进行调整。弗雷迪在林地的那段时间里，他的兴趣始终在昆虫上。莱弗斯（2007a，p. 59）提醒我们，"皮亚杰主义者通常主张通过为儿童提供丰富的自主活动的环境和空间，以及奖励儿童产生'奇妙的想法'来刺激儿童的活动"（Duckworth，1979；Hohman et al.，1979）。莫兰（Moran）在本书第四章中探讨了如何在户外激发儿童高水平的卷入。

我们无法用一个公认的图式来界定弗雷迪的行为，但他在与瓢虫互动时所表现出来的专注（Woods，2013，p. 56）表明，他的"图式"或对瓢虫走路的理解正在发展、完善，至关重要的是，正在被观察到。庞德（Pound，2011，p. 38，p. 47）提醒我们：

观察是成人工作的重要组成部分。斯坦纳的华德福教育（Waldorf Education，2009）将观察称为"图像构建"（picture building），艾萨克斯在"麦芽屋"期间收集的详细而广泛的观察为她后来的理论和著作奠定了基础。

皮亚杰和艾萨克斯都观察了儿童的行动，以识别其学习的过程："简而言之，当达到平衡时，智能是由同化和顺应的平衡所组成的"（Flavell，1963 in Laevers，2007a，p.57）。通过游戏，儿童练习自己的已知经验，探索新的想法和可能性，并将其他经验应用于游戏或与游戏联系起来，如果游戏具有令人满意的挑战性，儿童就会获得新的理解或平衡。对莱弗斯来说，这些可观察的行为可以展现出儿童高水平的卷入和深度学习的状态。加德纳（Gardner，2006，p.17）指出：

> 皮亚杰把儿童当成积极的问题解决者，这一整体模式已经深入人心。皮亚杰不仅把对儿童的认真研究放在了科学版图上，而且把儿童的认知能力放在最重要的位置，并一直保持着。

解决问题的儿童

莱弗斯和皮亚杰认为，积极卷入的儿童会对活动、问题或挑战坚持到底，直到取得令自己满意的结果。前文提到，莱弗斯当前的思想是多种理论的综合，"致力于解决问题的儿童"的观点似乎也与罗杰斯在其作为精神分析师的实践中发展起来的人本主义理论非常吻合。庞德（2011，p.83）指出：

> 罗杰斯提到"充分发挥作用的人"（fully functioning person）。这两个观点都需要个体精神健康和心理康宁。罗杰斯指出，教学的目的是支持"充分发挥作用的人"的发展。他专门论述了教师在通过共情、营造允许"自由学习"的氛围来促进学习方面应起的作用（Curzon，2003）。比起直接教，他更喜欢体验式学习。对他来说，体验式教育包括：
> - 学习者的全身心卷入；
> - 既刺激感觉也促进认知的兴奋感；
> - 自发地学习；

- 有意义地学习。

（Based on Curzon，2003，p.117）

庞德（2011，p.84）还指出，莱弗斯吸收了罗杰斯的思想：

> 罗杰斯的理论指出，对学习过程的评估是家长和教育者的重要工作（Kramer，1995）。罗杰斯的理论较容易被许多幼教工作者理解，这可能是因为这些理论与许多其他被熟知的理论相一致。

或许可以说，罗杰斯的"充分发挥作用的人"符合莱弗斯关于"高度卷入的儿童或成人"的界定。他论述道：

> 一种探索的态度，即对我们周遭环境中的各种刺激的开放性和警觉性，会使人易被触动，降低了进入"唤醒"状态的阈限，这种状态可以使人专注和深度卷入。

（Laevers，2006，p. 21）

进而又说：

> 卷入不是找乐子的人很容易有的那种唤醒状态，重点是，伴随卷入的满足感源于探索的驱动力，源于想更好地把握现实的需求，源于对事物和人本身的内在兴趣，源于想体验和想搞清楚的渴望。

（同上，p.24）

如果我们将莱弗斯的观点与罗杰斯（1983）在他最后一本文集中所述的研究相对照，二者显然有强烈的共通之处。这里有必要引用一下罗杰斯较长篇幅的论述：

> 有意义的或体验式学习具有需要学习者全身心卷入的特质——整个人的感觉和认知都在学习活动中。这种学习是自发的。即使动力或刺激来自外部，发现、支持、把握和理解的感受也来自内部。

它随时都在，会对学习者的行为、态度甚至可能是人格产生重要影响。它由学习者自己评价。学习者知道学习过程是否满足了自己的需求，是否能让他了解想知道的事情，是否照亮了他正在经历的昏暗盲区。我们可以说，评价的来源肯定在学习者那里。学习的本质是寻求意义。当这样的学习发生时，对学习者来说有意义的那些元素就融入了完整的体验中（p.20）。

看来，理论上从理想的个人成长经历——学习和发展经历——之中走过的人，就是一个"充分发挥作用的人"。他能够充分地与自己的每一种感受和反应共处。他自己筛选证据，但又对一切来源的迹象持开放态度；他完全沉浸在做自己和成为自己的过程中，因此发现自己会明智地、切合实际地建立社会关系；他完全活在当下……（p.290）

（Rogers，1983）

沃德尔（Wardle）和维斯蒂（Vesty）（Woods，2014，p.35）考虑了康宁和动机的许多方面，下面的案例反映了学习者的全神贯注和评价。

案例：内在动机

18个月大的玛丽独自坐着玩一套塑料炖锅。一个炖锅有一个相匹配的盖子，玛丽试图把盖子盖在各种炖锅上。起初，她试图把盖子盖在两个较小的炖锅上，但看到盖子不合适，就转向第三个炖锅，这正是合适的那个炖锅。玛丽安静地独自坐着，把盖子转了一下，试着把它盖在锅上。她全神贯注于这项任务，有时盖子会掉到锅里，有时在她盖上盖子后盖子还是会掉下来。玛丽就那么独自坐着，试了5分钟，决意把盖子恰好盖在炖锅上。最后，盖子完美地盖在锅上，玛丽知道锅盖配对了。这时，她才抬起头，看到有个成人在观察她，于是她笑了，开始为自己鼓掌。

（Woods，2014，p.35）

莱弗斯的思想不仅与罗杰斯的"充分发挥作用的人"相呼应，也与马斯洛的"自我实现的需要"产生共鸣。我们可以进一步将学习者评价跟我们对元认知的理解联系起来：玛丽能够自我引导并且积极热情、想解决问题、专注而有毅力，她同化着新的"锅盖配对"的图式并调整自己的手部技能。当她再次"遇到"锅和盖子时，很可能会回忆起这个游戏和自己成功的过程，会更快地完成类似的任务，因为她知道如何取得成功。她会回忆这一"知识"。深度学习的过程包含创造力和直觉的元素。玛丽知道哪个锅和盖子可以最佳匹配。莱弗斯（2006，p. 21）指出："直觉是'利用自己的想象力在头脑中表征现实事物、以重建其意义的能力'，这使人能够得到对真实事物的'感受'。"

罗杰斯使用了"做自己和成为自己"这个短语，庞德（2011）在新西兰草席教育大纲（Ministry of Education，1996）的很多部分中识别出他的持续影响力。莱弗斯在一次主题演讲（Laevers & Heylen，2003，p. 3）中，认为"体验式教育、草席教育大纲、高瞻课程和瑞吉欧·艾米利亚教育之间有一些共同点"。莱弗斯（2005，pp. 2-3）说：

> 教育领域的许多努力都是针对既有内容的。这就解释了为什么总的来说，好奇的倾向或者更广泛意义上的探索欲，没有得到应有的关注。就确保终身学习而言，把精力投入在维护甚至增强探索欲上可以被认为是最有回报的。一种探索的态度，即对我们周遭环境中的各种刺激的开放性和警觉性，会使人易被触动，降低了进入"唤醒"状态的阈限，这种状态可以使人专注和深度卷入。这样的人永远不会停止发展。教育面临的挑战，不仅是保持这种内在动机源的活力，而且要使其遍及现实中的所有领域。

创造力则不止于此，它被定义为"能够针对一个简单的问题产生许多独特的想法的倾向"。进一步分析，"构思的流畅性"，即将距离遥远的元素联系起来的容易程度，这一成分很关键。这些联想组合是独创的，同时又是有目的的。与这种倾向相关的是从不同的角度看待事物、灵活、幽默（作为"游戏"现实的一种方式）的"持续倾向"……并冒着与自己周遭的环境发生冲突的风险，因为新思想很可能意味着对现有秩序构成威胁。

渐渐地，第三个因素，即自我组织能力，引起了我们的注意。我们将其定义为尽可能充分利用可用资源来组织自己生活的管理能力，可利用的资源包括自己（自己的能力、局限性和优势）和所处环境中人与物质方面的资源。我们分辨出四个成分：意志力或决心做某事的能力，做出选择和挑选出自己真正想要什么的能力，再现行为并在活动过程中进一步发展这些行为的能力，以及后退一步参照自己的目标重新评估当下状况的能力。

深度学习带来了范式的转变，可以让人体验到世界（在任何领域）更多的复杂性，并变得对人有意义。在我们对认知过程本质的反思中，一种基于直觉能力的智能形式，而不是逻辑数学智能，开始受到关注。我们认为，直觉是真正理解世界的基础……

因此，有人认为，莱弗斯的兴趣在于，学习者遇到的可能性以及这些可能性如何塑造和影响儿童及支持其发展的成人未来的发展机会。

契克森米哈赖的"心流状态"

受罗杰斯影响并贯穿莱弗斯这些想法的另一条理论线是"心流"思想。1997年，这个词第一次由帕斯卡尔（Pascal）和伯特拉姆（Bertram）提及。莱弗斯在许多演讲和研究论文（1997；2000；2005；2007a，b；2011；Laevers & Heylen，2003）中谈到了"心流状态"。

契克森米哈赖（1979）谈到"心流状态"。这种状态最主要的特征之一是专注。一个卷入的人会把自己的注意力缩小到一个有限的范围内。卷入伴随着强烈的动机、着迷和完全被吸引；人和活动之间没有距离，没有利益计算。而且，人会对相关刺激保持开放，感知和认知所达到的深度是其他种类的活动所缺乏的。人能更强烈、更深刻地体悟到词语和思想的内涵。进一步分析可以带来一种明显的满足感和贯注身体的能量流。人们积极地寻求这种"心流状态"。幼儿通常会在游戏中发现这种状态。

（Laevers，2006，p. 24）

马斯洛的自我实现、罗杰斯的充分发挥作用的人以及契克森米哈赖的"最优体验"似乎使莱弗斯的"体验式教育取向"更具吸引力。契克森米哈赖（2002，p. 4）说："我在'心流'概念的基础上发展了最优体验的理论——在这种状态下，人们高度卷入一个活动，其他一切似乎对他们都无关紧要。"他列出了这种体验的以下八个主要组成部分。

- 通常发生在我们面对有机会完成的任务时。
- 我们能够集中精力做正在做的事情。
- 正在做的任务有明确的目标。
- 提供即时反馈。
- 一个人深入但并不费力地卷入，不再关注日常生活中的那些忧虑和沮丧。
- 愉悦的体验使人们对自己的行为有了一种控制感。
- 对自我的关切消失了，但矛盾的是，在心流体验结束后，对自我的感受反而更强。
- 对时间的感受发生了改变。

（Csíkszentmihályi，2002，p. 49）

卷入的标志性表现（见表1.1）似乎反映了以上这些组成部分。深度学习概念的许多内容被浓缩到达菲（Duffy，1998）"支持想象力和创造力"的思想和代表早期教育后现代取向的克雷明等人（Cremin et al.,

2006）的"可能性思维"概念中，"认为儿童通过与他人建立关系而存在并始终处于特定的背景下"（Dahlberg et al.，2007，p. 43）。对后现代主义者来说，不存在可以解释儿童、童年或他们发展的普遍真理或理论。

回顾弗雷迪和玛丽的案例，可以看出：

> 最优体验最普遍、最独有的特征之一显现了：儿童如此卷入他们正在做的事情中，以至于活动变得自然而然，几乎是自动的；他们不再觉得自己与当下的行动是分离的。尽管心流体验看起来毫不费力，但它常常需要消耗体力或高度自律的心理活动。如果儿童不能熟练运用技能，它就不会发生。一旦专注力减弱，它就会消失。但当它持续时，意识会连续流畅地运行，行动与行动会无缝衔接。在心流体验中感觉不到自我与之后自我感知变得更强之间，存在一种非常重要的、乍看上去很矛盾的关系。看来，要建立一种强烈的自我概念，偶尔放弃自我意识是必要的。
>
> （Csíkszentmihályi，2002，p. 53，p. 65）

莱弗斯使用"自成目的"一词解释如何在自我和自定目标之间的关系中看待深度学习。罗杰斯（1961，p. 174）在谈到马斯洛（1954）时说：

> 自我实现的人有一种奇妙的能力，他们可以怀着敬畏、愉悦、惊奇甚至狂喜之情，一次又一次地新奇而天真地欣赏生活中再平常不过的东西，无论这些经历让其他人感到多么厌倦、腻烦。
>
> 美好的生活是一个过程，而不是一种存在的状态。它是一个方向，而不是终点。当构成美好生活的方向是由整个有机体选择的时，就会有向任何方向前进的心理自由。

契克森米哈赖在《心流——如何实现幸福的经典之作》（*Flow: The*

Classic Work on How to Achieve Happiness)一书中提到"充实生活的原则——让生活充满乐趣和不断增长的复杂性,向我们提供了为将来的艰难选择做好准备的方法"(2002,p. x)。对莱弗斯来说,与儿童的好奇心、灵活性和创造性相关联的康宁和快乐,理应是我们给予儿童的教育基础。我们应给儿童很多的机会和自主权,让他们在自主的环境中设定和实现自己的挑战性目标。

体验式教育

深度学习、高水平卷入、强烈的自我意识和康宁的状态是体验式教育的所有要素。特南鲍姆(Tenenbaum,1961,1983,p. 302)指出,罗杰斯受杜威的影响,"独立、创造性地思考;深入接触他们本人、他们的自我"。庞德(2011,p. 110)引用了格雷厄姆(Graham,2009)的话,指出:

> 《普洛登报告》(The Plowden Report)引用了皮亚杰的理论作为观点的来源——儿童要有效地学习,就需要主动操作材料,但事实上,早在皮亚杰考虑他的研究对教育的影响之前,苏珊·艾萨克斯就已经继约翰·杜威之后,将这一点作为她教育哲学的核心特征。

莱弗斯(2006,p. 28)把"体验式教育"界定为:

> 开发和增强人们的能量,将这些能量引到一个能引发深度学习的正向螺旋上升的过程中。只有这样,我们才能使学校更加有效、更加强大,足以应对各种教育挑战——培养自信、心理健康、充满好奇心和探索欲、善于表达和沟通、富有想象力和创造力、具有主动性、有条理、对社会和物理世界有清晰的直觉、拥有与宇宙及其所有生物相连的感觉的人。

对杜威而言，拥有"体验"意味着：

> 每个相继的部分都自由流动着，接踵而至，没有间隙，没有未填补的空白……在体验中，从一件事到另一件事……是这样完成的，它的结束是一种达到极点的状态，而不是终止……儿童的活动呈现出完整和完满的特征，在那些时刻，自我和材料融为一体，一起成为事情的本质。但凡有人认真观察过儿童的游戏，就会发现，当儿童在游戏中全神贯注时，可能都意识不到游戏和严肃性的完全融合。
>
> （Cuffaro，1995，p. 59，p. 85，引自杜威的后期作品）

杜威在1910年第一次提到了后来发展为契克森米哈赖所说的"心流状态"的现象：

> 做白日梦、建造空中楼阁，在放松的时候我们脑海中偶然出现的不连贯的素材，从不严格的意义上说，就是思考。反思不仅涉及一系列的想法，还涉及后果——以这样一种方式排序，每个想法都将下一个想法确定为恰当的结果，反过来每个想法又都基于前面的想法。每个阶段都是一个步骤——从严格意义上来讲，这是思考的过程。心流变成一列火车、一个链条或一条思绪线索。
>
> （Dewey，1910，pp. 2-3）

他先于皮亚杰谈道：

> 好奇的头脑……一直处于警觉和探索的状态，尝试着思索材料。在发现奇思妙想的地方就能发现对体验、接触新的多样化事物的渴望。生理上的不安会导致儿童"什么都要碰"——触、戳、捶、撬。不经意地注意一下幼儿的活动，就能发现探索和试验活动在持续地展现。
>
> （同上，p. 31）

阿诺德（Arnold，2003）提醒我们，契克森米哈赖在1996年论述道：

"创造力在我们的生命中是意义的核心来源……大多数有趣、重要和具有人性的事物都是创造力的结果"（p.1）。他接着说，"创造力是人类区别于动物的地方。他发现创造力是'迷人的'，因为当我们卷入其中时，我们会觉得自己比生活中的其他时候活得更充实"（p.2）。如果满足好奇心的机会太少，如果在冒险和探索的道路上设置了太多障碍，那么创造性行为的动力火花就很容易熄灭（p.11）。

创造性行为、机警、独特和专注：

被转化为对问题的兴趣，其中问题由观察事物和累积材料引发。当孩子持续在自己的脑海中思考问题，并对任何有助于回答它的事物保持警觉时，好奇就成为一种积极的心智力量。

（Dewey，1910，p.33）

对莱弗斯而言，体验式教育为儿童个体、儿童群体和成人提供了参与、挑战和拓展的机会。杜威的哲学在这里被回顾：

……在杜威的哲学观点中，人需要参与过程、时间、空间和历史，因为力量和品质本身是没有生命的，而是通过环境中的事件或人在某种情境中的互动激发出来的——环境是客观存在的，但人可以通过互动来创设和改变环境。人既在"环境之中"，也是"环境本身"。

（Cuffaro，1995，p.16）

> **案例：佩妮和蜗牛**
>
> 1. 问佩妮为什么这么喜欢蜗牛。她说蜗牛是圆的，她最喜欢棕色、白色和黑色的条纹。"啊，"我答道，"这个带有条纹的图案是螺旋形的。""是的，我喜欢螺旋形。"佩妮保持着对蜗牛的兴趣，用深度参与活动的表现回应成人。
>
> 2. 在过去的三周里，佩妮寻找、抓住和仔细观察蜗牛。她也会捡鼻涕虫，知道鼻涕虫不住在壳里，而是通过分泌黏液来帮助自己移动。她发现了非常小的蜗牛和外壳上有着独特图案的蜗牛，开始注意到螺旋的图形。当她捡起蜗牛时，蜗牛会缩回到壳里，可她想让它们爬……我建议，如果她保持双手不动，蜗牛通常就会在感到温暖和安静后从壳里出来。佩妮忙着寻找更多的蜗牛，经常把找到的蜗牛放在我的手里"取暖"。一旦蜗牛出来，她通常就会把它们放到树上以给予它们安全感，然后她会惊讶于它们能爬得很远。上周，迈克尔被她的兴趣吸引，花了很长时间为蜗牛搭了一个像巢一样的床，他们把找到的所有蜗牛都放在一个原木片上，然后用干叶子盖住它们。
>
> （Woods，2014，p. 91）

"随心开展的活动"，壳上的螺旋图形，手上的黏液，精力充沛的蜗牛，没有计划但令人充满期待的可能性，成人"准备好、愿意并有能力"支持和追随儿童的兴趣，这些都诠释了体验式教育。"这一项目仍在进行中，在佛兰德斯地区和荷兰被认为是20世纪90年代幼儿教育和小学教育领域最具影响力的创新运动之一"（Laevers & Heylen，2003，p. 7）。莱弗斯担心，"太多的儿童持续发展的机会仍没有得到利用"（同上，p. 13）。

正 向 螺 旋

解决问题、挑战、转变思想和目标，以及来自敬业和充满活力的成人的支持，是有效学习的基础。莱弗斯（Robson，2012，p. 116）指出，"卷入只发生在活动与人的能力相匹配的那个很小的区间里，即'最近发展区'中"。"卷入水平"跟"最近发展区"一样，是我们早期发展词典里必有的词语。布鲁纳的"螺旋式课程"、罗戈夫的"引导式参与"和维果茨基的"共同建构"理论深深嵌入莱弗斯的思想中。儿童确实需要挑战。卷入只发生在"能够做某事"和"还不能做某事"之间、"理解"和"在理解的边缘"之间的某个地带（Laevers，1997，p. 20）。皮亚杰认识到，儿童通过同化行动和想法、遇到新经验（添加到他们原有经验中）时调整自己的行动和想法来学习；有时，具有挑战性的"事件"会引发认知的"不平衡"，即我们以为自己知道和实际理解之间的不平衡。莱弗斯（2007a，pp. 59-60）谈道：

> 这一理论对实践的启示是，我们必须提供这样的活动，它对儿童行为的要求与儿童已有的能力储备稍有不同，甚至稍微高一些。教师必须将这种"最佳差距"作为干预学习的指南。

用杜威（1910，pp. 33-34）的话来说："相比于'教'，教师通常需要进行更多的学习……怎样让惊奇的神圣火花保持燃烧，并把已经生出的火焰扇得更旺。"帕斯卡尔和伯特拉姆（1997，p. 5）认为，莱弗斯的"项目从根本上利用了儿童学习的社会情境所起到的重要作用"。契克森米哈赖（1992）之前曾声称，当儿童的技能和能力与那些其"能力刚刚能及"的活动相匹配时，就会达到"心流状态"（Laevers，1993，1996；Pascal & Bertram，1997，p. 6）。乌尔里克和迈尔还想到了与维果茨基理论的联系（Laevers & Heylen，2003，p. 29）：

> "卷入"显然与内在动机理论和兴趣有关。在教师主导的活动中卷入水平高，意味着儿童已经将活动转化为对个人有意义且有趣的事情。兴趣不仅关注个人相对稳定的兴趣领域，还关注特定任务和情境下的具体兴趣，后一个与卷入概念密切相关。

他们的研究支持了莱弗斯（2011）的研究，该研究证实：

卷入位于个人能力的边缘或处于"最近发展区",一个卷入的人会充分利用他的潜能。最后,就"卷入"定义中提到的所有那些方面而言,卷入可以被认为是身心正在发展变化的标识,卷入的同时深度学习也正在发生(Laevers,1993)。从某种意义上说,卷入这一关键概念表明,就在此时此地,儿童身上正在发生的一些非常有价值的事情,必然会在活动所涉及的能力领域中引发儿童的深度学习。

这种强烈的"近端过程①"(Bronfenbrenner & Ceci, 1994, p.572; Declercq et al., 2011, p. 65)是莱弗斯持续研究的基础,令人想起高瞻教育和瑞吉欧·艾米利亚教育。马拉古齐(Edwards et al., 1998, p. 81)提示我们:

儿童能够通过计划、协调各种想法等头脑中的活动,自然而然地赋予日常生活经历以意义。记住,意义从来都不是静止的、单一的或不可改变的,它们总会再次生成其他意义。因此,成人的核心行为是激活,尤其是间接地激活儿童的意义生成能力,从而为所有学习奠定基础。

杜威、罗杰斯和莱弗斯敦促我们以整体的方式观察、倾听、反思、回应、激励、引导和帮助儿童在想法和目的上发生转变,这让我们想起了布朗芬布伦纳关于社会建构的动力学思想。

---

① 布朗芬布伦纳区分了决定人的发展的远端过程(distal processes)和近端过程(proximal processes)。远端过程包括一个人并未直接参加的那些事件,是其他人参加、发生在其他地方的事件,但它们也决定或影响了这个人体验到的生态系统;而近端过程是指这个人主动参加的那些经历,包括构成每个小环境的微观系统的那些活动、角色和关系,还包括一个人建构对经验的理解时的心理过程,如学习、思考和阅读,以及发展应对环境的技能时的心理过程,如实践和试验。——译者注

生态系统理论

阿尔本（Albon）(Miller & Pound, 2011, pp. 40–41) 谈论道：

> 知识是通过社会交往来建构的，与文化、时间和空间相关联。知识永远不可能是价值无涉的、客观的。微小叙事①有可能反映较小共同体的思考，与他们特定的社会–文化理解相联系。这是一种包括多样性、不确定性和复杂性的理论。

儿童在社区创设的许多环境中学习，他们在这里偶遇、沉迷、回忆和塑造活动及体验。达尔伯格（Dahlberg）等人在本章前面提到，"世界和我们关于世界的知识被认为是在社会交往中建构起来的，我们所有人都是这个过程的积极参与者……在与他人发生联系的过程中生成意义，而不是去发现真理"（Dahlberg et al., 2007, p. 23）。关于意义的生成，杜威（1910, p. 57）指出，"我们自然地使用'权衡''琢磨'和'深思'等词语，与其密切相关的还有'细究''考察''斟酌''审视'这些提法，这些词语意指仔细地构想"。这可以表现为一个7周大的婴儿刚开始发现自己的拇指、把他小小的右拳放在嘴里，最初似乎很偶然，但在多次重复后，每当他仰卧时，一种感觉图式就会形成。在家庭小圈子之外，也可能表现为一个蹒跚学步的孩子第一次想独自躺在地板上拼成地板拼图；还可以表现为一个6岁的孩子能够识别标志、自己的名字和书上标题的形状，但似乎还不会读出新词，却突然对世界杯的旗帜和球队表产生了兴趣："尤里卡"——我会读！一个曾经玩过

---

① 英文为 little narrative，译为"微小叙事"（也有人译为"细琐叙事"），与 grand narrative（宏大叙事）相对。后现代性对现代性的反抗之一，体现在以"微小叙事"的语言游戏来取代"宏大叙事"的知识权力。读者可以自行查阅相关理论。——译者注

物体的沉浮游戏的 10 岁女孩，现在可以理解为什么一个很大的金属物体（如油轮）如果它的表面积足够大就会浮在水面上。婴儿被给予了独立玩耍的机会；蹒跚学步的孩子被鼓励在地板上拼拼图；6 岁的孩子让自己的兴趣得到了发展，这恰好满足了他正在发展的阅读需求；10 岁的孩子长时间地体验了玩水、物品分类、实验等活动。莱弗斯（2007b, pp. 23-24）叙述道：

> 这当然受到了社会建构主义观点的支持：意义是通过交流形成的。因此，学习是一种共同的活动，一种合作行为。
>
> 心理表征就是艾伯利（Aebli，1963）所说的"心灵的力量"，即创生感知意义的能力，感受到意义，包括身体体验，也包括可以上升为对更抽象的观点和概念（如"创造力""智力""协同作用""建构主义"）的表征。

实际上，莱弗斯的研究影射了布朗芬布伦纳的人类发展理论，"把人的发展定义为人感知和处理周遭环境……以及人与环境二者之间不断演进的互动方式所发生的持久变化"（Bronfenbrerner，1979，p. 3）。正如范·桑登（Van Sanden）和乔利（Joly）（Laevers & Heylen，2003，p. 146）所论述的：

> 康宁和卷入并不是儿童本身的属性或固定特征，它们其实标示着儿童特征与环境属性两方面之间的互动状况。
>
> 如果这种互动是积极的，换句话说，教师如果能够听出儿童的具体需求，并与之协调，就会带来高水平的康宁和卷入。如果这种互动是消极的，教育机构没有充分倾听儿童的需求并给予相应的支持，就会导致低水平的康宁和卷入。

儿童、家长、幼教工作者、环境的动态过程要想是相互支持的、合拍的、挑战性适当的和有效的，就"需要儿童积极参与，儿童会通过回应或发起活动来表明他此时此刻需要什么样的支持"（Laevers，2007b，p.26）。他补充道：

> 这里隐含的逻辑依靠的是关于学习与发展的体验观，这种观点尊重发展的动态过程，它认为，在特定领域紧张的心理活动中，"卷入"对于引发基本图式层面的变化是一个必要且充分的条件，这些变化将影响一个人在该领域所发挥的整体作用（Laevers，1998）。这就是深度学习的意义：不只是添加一个文件而已，而是进入程序并升级它。
>
> （同上：27）

在第二章中，我们将通过讨论一项研究的"快照"和聚焦于莱弗斯所描述的体验过程来进一步琢磨关于深度学习的理解：

> 体验式教育项目中积累的经验支持这样一个结论，即康宁和卷入非常受幼教工作者的欢迎，因为这对提高他们的工作质量最有启发性和帮助。康宁和卷入的概念与许多照料者和教师的直觉相符，为他们业已知晓的内容提供了科学确证：当我们能够让孩子处于那种"心流状态"时，身心发展就必将在活动所涉及的领域中发生。与结果变量不同——真正的发展结果只能在较长时间后才看得到——过程变量会给教育干预措施的效果提供即时反馈，当即告诉我们这些措施的潜在影响。此外，将"卷入"突出出来作为质量的关键指标，会产生很多积极的能量和协同：当教学工作取得成功时，孩子们的热情回应给人以力量，能给教师在专业和个人层面上都带来深深的满足感。最后，将卷入作为指导专业人员时的参照点，也更可能对教师和教育机构实际发挥作用的水平给予尊重。
>
> （Laevers，2005，p.8）

激发思考的问题

★ 在团队会议中，你们多久一次或会在多大程度上表达你们对从不同的理论视角讨论儿童的信心？

★ 正在经历专业进一步发展的团队成员和实习生要在学习中反思各位理论家的学说，你们可以通过什么方式让他们为发展你们这个实践共同体做出贡献？

★ 你们以何种方式开展培训活动、会议或网络会议，以维持成人的有效学习？

★ 你们在讨论儿童及针对未来活动的可能性计划时，最近一次讨论儿童的反复行为模式（图式）、卷入的标志性表现和最近发展区是在什么时候？

★ 回忆一下你最近一次看到处于"心流状态"的孩子是什么时候？他当时在做什么？你如何与家长分享这类观察？

第二章　给卷入评级

把一块鹅卵石丢进池塘，涟漪会在池塘里蔓延开来，形成一个个不断扩大的圆圈。我们在观察一个孩子时，也会体验到同样的效应：最初的"水花"为讨论、指导、解释、激发和更广泛的可能性创造了机会。庞德（2011，p.109）引用了史密斯（Smith，2001）的话，后者回忆道"皮亚杰建议教师在进行评估时做调查研究"。我们可以在本章中看到，莱弗斯在多大程度上把观察的方法与支持教师持续的专业研究和发展这一重要事项联系起来。他说：

> 体验式教育项目中积累的经验支持这样一个结论，即康宁和卷入非常受幼教工作者的欢迎，因为这对提高他们的工作质量最有启发性和帮助。康宁和卷入的概念与许多照料者和教师的直觉相符，为他们业已知晓的内容提供了科学确证：当我们能够让孩子处于那种"心流状态"时，身心发展就必将在活动所涉及的领域中发生。与结果变量不同——真正的发展结果只能在较长时间后才看得到——过程变量会给教育干预措施的质量提供即时反馈，当即告诉我们这些措施的潜在影响。此外，将"卷入"突出出来作为质量的关键指标，会产生很多积极的能量和协同：当教学工作取得成功时，孩子们的热情回应给人以力量，能给教师在专业和个人层面上都带来深深的满足感。最后，将卷入作为指导专业人员时的参照点，也更可能对教师和教育机构实际发挥作用的水平给予尊重。

当实施体验式教育时，幼教工作者都是从自己所处的环境出发的——空间、儿童、材料、书籍、方法以及所有与实际情境相联系的种种限制条件。课程和所有发展领域都是当下环境的一部分。然后，重点关注那些在系统观察中发现的卷入水平低的领域或儿童群体，选择一个行动场，采取有可能提高康宁或卷入水平的行动措施。提高的幅度无论多么微小，我们都会体验到成功，这又将推动我们采取新的行动措施。

（Laevers，2000，p.28）

本章探究了《鲁汶卷入量表——幼儿版》这一实用工具、那些我们在评价儿童对种种活动的卷入情况时寻求的典型表现和层级，以及这一工具的使用如何拓展了我们讨论、反思以及为儿童规划和提供高质量的学习环境所做出的努力。世界范围内人们对教育质量现状的感知及通过许多行动倡议和检查来改善早期教育质量的动机，促使这一工具被引入许多机构中，比如英国的很多地方当局引入这一工具以提高幼教机构的质量。我作为副园长和基础阶段协调员使用这一工具的记忆以及与景观建筑师一起进行的小研究，就是本章的主要内容。

卷入量表介绍

一天早晨，一块小小的鹅卵石被扔进了一所幼儿园的小池塘中，由此产生的涟漪可以被用来阐明幼教工作者关于儿童、所观察到的环境进行的专业对话，以及他们那天早上反思得到的思考和想法。正如罗戈夫（1990，p.199）所说：

> 解决相似问题的人们彼此卷入，是产生创造力的社会情境之一。对话、合作和基于先前的方法再建构，常常为联系两个观点提供"催化剂"。如果两个思考者都没有执行、解释或改进方法的需求，这种事情可能就不会发生。

莱弗斯在2009年接受采访时，谈到了他在1976年的早期工作：

在与这些教师一起工作的过程中，我们很快明白了世界各地的教师很容易理解的内容。那就是，如果你所做的事情能给儿童带来康宁和更高的卷入水平，你的工作就很出色。但是，一旦你要把握康宁和卷入水平，当然就要进行测量。我们有一个非常简单的5级量表，一部分测量康宁水平，另一部分测量卷入水平。我们现在评估了很多人，从婴儿到学步儿，一直到初等教育、中等教育、高等教育和成人教育中的学生。

我们有必要回顾一下由莱弗斯和鲁汶大学体验式教育研究中心设计的这个测量工具（见表2.1）。

表2.1 过程导向的幼教机构自我评价工具

卷入量表	
卷入水平	表现举例
1. 极低	儿童几乎没有任何活动： • 不专注，呆望，做白日梦； • 心不在焉、被动的态度； • 没有目标导向的活动；没有任何产出的无目的行动； • 没有探索和感兴趣的迹象； • 什么都没往心里去，没有心理活动。
2. 低	儿童表现出一定程度的活动，但常常被打断： • 专注力有限；活动中还看向其他地方；不停地摆弄，像做梦； • 注意力容易分散； • 行动只带来很有限的结果。
3. 适中	儿童一直很忙，但并非真正地专注： • 例行公事，注意力不集中； • 没有沉浸在活动中，活动时间短暂； • 动力有限，没有真正付出，没有感受到挑战； • 没有获得深层次的经验； • 没有充分利用自己的能力； • 活动中没有发挥想象力。

续表

卷入量表	
卷入水平	表现举例
4. 高	存在卷入的清晰迹象，但这些迹象并非一直呈现得很充分： • 不受干扰地进行着活动； • 大部分时间保持真正的专注，但在某些短暂时刻注意力不集中； • 感受到挑战，有一定的动力； • 活动在一定程度上需要儿童的想象力和其他能力。
5. 极高	在观察期间，儿童持续地进行着活动并完全沉浸其中： • 极为聚焦、专注，不受干扰； • 动机很强，强烈地被活动吸引，并坚持不懈； • 即使是强烈的刺激也无法让儿童分心； • 很警觉，注意细节，表现出追求精准； • 心理活动和体验十分强烈； • 不断地运用自己所有的能力——想象力和智力处于顶峰状态； • 明显很享受专心致志地活动。

© SICS[①]，(Laevers, 2005, p. 14.)

英文版《鲁汶卷入量表——幼儿版》工具包于1994年出版，其由一本手册和一个视频光盘组成。

　　它包含了对量表等级和各等级典型表现的详细描述。除此之外，我们的视导经验使我们能够为量表的使用以及视导培训的过程提供具体的指导。这个工具包为教学过程和团队讨论提供了坚实的基础，有助于发展有关质量的最重要的一个指标——儿童在活动中的卷入水平——观察和解释能力。

（Laevers, 1994, p. 3）

我已经无数次地与进修生、本科生以及承担进修或专业发展课程的

[①] 英文全称为 Self-evaluation Instrument for Care Settings，即幼教机构自我评价工具。——译者注

熟手教师一起使用这一工具和 27 个视频片段。你们中可能有成千上万的人通过自己的课程、会议和研讨会了解了这些材料，能明显地感受到其中的思想和方法很容易被吸收和理解，而且会赞同莱弗斯（2000，p. 25）的观点，即"尽管卷入带有主观属性，但确实有可能以可靠的方式评估儿童和成人的卷入水平"。在跟学生们一起观看视频片段时，我们在"水平评价"上总具有显著的一致性；学生们愿意带着信任和尊敬来讨论、解释和使用这些量表，这反映了罗戈夫等人（1996，p. 388）所说的"学习是共同体参与社会文化活动的一种转变过程……而不是由专家传授知识或学习者自己获取知识的过程"。沃特斯（Waters，2009，p. 25）引用了莱弗斯（2000）的报告，"在使用卷入量表的研究中，观察的信度良好"。

2014 年 9 月，我与景观建筑师费利西蒂·鲁宾逊在一所幼儿园进行了合作。最初，我到这所幼儿园就是想评估儿童的卷入水平，特别是在户外情境中，想看看卷入水平最高和最低的地方：幼儿园计划搬迁场地，想设计一个高质量的户外环境，而不只是凑合用的只有一小块通向外面的柏油路和草地。你们很多人会意识到在这样的户外空间进行建设和清理所面临的挑战，这样的地面高度能提供的活动刺激很少，空间也很局促。然而，聚焦于观察儿童对空间的使用，会发现丰富而充满游戏性的事件，费利西蒂希望利用这些事件来规划更自然的环境。戴维（Davy，2013，p. 226）记录过一个类似的研究时间更长的项目，"通过实践者的研究来促进改变，需要参与者愿意共同反思他们所观察到的内容，愿意挑战当前的实践和假设，也愿意尝试新做法，直接回应儿童发出的信号"。

> **案例：户外环境的联合评估**
>
> 我们对他们的户外环境的评估是，没有认识到户外是一个不同的活动场所：设备和资源与室内雷同或相似，而且太多收集来的可用的材料因其塑料材质需要被扔掉或收起来。根本没有"天然的松散材料"。我们承认，租用村庄的社区空间有局限性。费利西蒂将用这种"视角"（第一次使用《鲁汶卷入量表——幼儿版》）开始他的景观设计，即考虑户外各活动中的儿童卷入水平。

在那天上午，费利西蒂和我一开始集中观察室内的一个孩子，比较我们的卷入水平评分。我们观察了不同的游戏片段，然后一起讨论观察结果。加德纳（2006；Pound，2011，p.23）"强调反思性实践对所有专业人员的重要性"。庞德（同上，p.147）同样认为："教育记录（pedagogical documentation）从根本上说就是试图看见和理解教学历程中发生的事，而且要在不参照刻板的图表框架或预定的期望时就能做到这一点。"这些观察很短暂，是对活动的叙事性"快照"。

使用这些量表的一个关键点是，得分并非用于评判儿童，而是用于判断早期教育供给是否成功地提供了能使儿童茁壮成长并实现深度学习的活动类型和质量。关注点是学习的过程和儿童体验的质量，而不是发展结果。因此，量表上的数字指标是给幼教工作者的信息，帮助他们了解自己为儿童提供的活动和教育"对不对"。

（Davy，2013，pp.221-222）

我们俩对所观察儿童（我们叫他"约瑟夫"）的卷入水平的测量结果非常相似。

> **案例一：约瑟夫画画**
>
> 他从篮子里拿起围裙，用右手在画架上的绿纸上画出宽宽的横条。他看到地板上进行的游戏，"我想搭城堡"。于是他中断了画画，走向地毯，跟 A1* 旁边的同伴玩了起来。这时，通向户外的门开了，他走了出去。
>
> 2级

> **案例二：约瑟夫和沙坑厨房**
>
> 约瑟夫走到外面，立刻和 A1 一起去了沙坑厨房。他短暂地看了看那里的东西，又离开了，走到帐篷和晃动的板子那里，然后又回到沙坑厨房。他刷掉手上粘的沙子，用勺子往煎锅里填沙子，旁观正与 A1 玩的孩子。当约瑟夫举起锅时，A1 问他是否需要帮助。他用沙子装满了一个碗，并试图拎起满是沙子的煎锅。
>
> 2级，带有3级的元素：2+
>
> *A1 是幼儿园的一位志愿者助手。

我们可以认为，约瑟夫今天早上没有充分进行我们所观察的那些活动，他经常走到幼儿园的不同区域里。费利西蒂和我用这些观察结果以及对另一个孩子波比的观察结果来比较我们使用《鲁汶卷入量表——幼儿版》的可靠性。然后，我们开始关注那些吸引儿童更长时间、投入更多的活动。

> **案例一：波比和车库**
>
> 波比蹲在地上，玩着三层塑料车库。她把车子举到最高一层，看着它沿着斜坡滑到最底层。
>
> 车库是孩子们一进幼儿园就可以看到的地面玩具之一。
>
> 2级
>
> **案例二：波比和晾衣绳**
>
> 波比从车库那儿抬起头，走到玩具熨斗、熨衣板、刷子和平底锅套装旁边。她躺在地板上，用刷子刷着地板，然后摆弄熨斗。有一个小号的旋转晾衣架。她把所有衣架放在晾衣架上，然后拿起衣夹盒，把衣夹夹在晾衣绳上。她抬起头看其他孩子，扔掉了衣夹盒，然后拣起那些衣夹，看向另外两个孩子。A3*加入了旋转晾衣架的游戏。
>
> 3级

> **案例三：波比和沙坑厨房**
>
> 波比走到了户外。她走进沙坑厨房，选了一个碗和勺子。A1 为波比清理出一个游戏空间。波比问了 A1 一个问题，然后向她展示了一勺沙子。A1 和波比进行对话。A1 听着、谈论着波比的家人和家庭，并进行角色扮演。波比模仿 A1 的动作和话语，同时把厨房设备从盒子里倒出来。她专注地看着其他三个孩子在厨房里玩。另外两个孩子加入了游戏。A1 离开了这个区域。波比继续倒着东西，还把勺子递给另一个孩子，偶尔抬起头看其他人。
>
> 4级
>
> *A3 是一位幼教工作者。

除了专注于使用《鲁汶卷入量表——幼儿版》的表 6（1994）（用于评估儿童个体卷入水平的观察表）观察儿童之外，这些短暂的事件在两方面引起了我的兴趣：一是沙坑厨房似乎为那些运用想象力、社交和语言技能，操作熟练，活动紧张度较高的儿童提供了更有激励性的资源；二是 A1 的存在。一大早在室内时，我把注意力集中在沙盘上，因为有很多孩子在那儿玩了很长时间。我开始使用《鲁汶卷入量表——幼儿版》的表 4（1994）（用于分析一项活动中卷入水平的观察表）。

> **案例：室内沙盘**
>
> A1 走向沙盘，四个孩子跟着她。A1 跪在孩子们旁边玩，积极地倾听孩子们。一个孩子走了，詹妮时不时地转过身去看大厅四周，凯莉敲打着她的桶，试图建造一个沙堡，沙子很干。A1 夸奖并鼓励她。詹妮蹲下来，目光离开了活动，然后趴在沙子上。埃利加入进来，A1 邀请她过来玩。詹妮走了。在整个活动中，凯莉一直离 A1 很近，站在 A1 对面的沙盘旁，不断地铲沙、挖沙，并蹲下与 A1 互动。A1 用铲子挖沙，凯莉一边忙，一边观察 A1。
>
> 凯莉的卷入水平为 3+，A1 为 4 级。

我的推断是，沙盘提供了触觉刺激、想象力和挑战性的元素；然而，与成人的互动似乎是凯莉卷入水平高的一个重要原因。我记录了提高卷入水平的一些事：从沙子中移除许多玩具（三个挖掘机占用了很多空间），并将它们展示在一旁相邻的高台区供选择；使用更多湿润的沙子；把石头和贝壳埋在沙子中玩藏宝游戏；还有，用勺子和袜子装填沙子。我把这些事记录下来，留待这天结束时与教师团队讨论。

无论在室内还是室外，儿童在玩沙游戏中的卷入水平都较高。

> **案例：室外沙坑厨房**
>
> 四个孩子和A1在一起。埃利离开去玩地毯地图上的小车。他已经在室内玩过小车了，可能是对运动/力量感兴趣？约瑟夫从地上拿来一辆卡车放进沙子里。A1跪在地上，与孩子们的高度相同，问了一些开放性问题并持鼓励态度。我看到两个孩子在娃娃家玩烹饪游戏。卡勒姆正在往一个平底锅和一些碗里填沙。"我的煎饼做好了。"凯莉说。A1掀起帘子，打开烤箱。
>
> （我和费利西蒂正在观察这个游戏。我们讨论着成人的参与，想知道是她的积极干预还是活动本身吸引了孩子的注意力。我请A1悄悄离开这个活动。）
>
> 卡勒姆和埃利继续玩着。凯莉离开了沙坑，跑到A1那里说："不想做饭了。"约瑟夫也离开去玩球拍和球。卡勒姆拿着一个水壶跑到A1那里要了些水，他之前已经要过。A1又回到沙坑厨房。
>
> 反思：A1是孩子们的主心骨；添加水龙头等方便取水的设施可以改善这个区域；在新场地上可以建一个带水源的永久性的泥巴厨房。沙子一直吸引着一届届的孩子们。

已经很明显，短时间内的几次观察就可以发现许多有待解释的层面，《鲁汶卷入量表——幼儿版》这一工具促成了这样的反思过程。莱弗斯（2007a，p. 22）告诉我们：

> 如果没有一个便于师幼采取积极行动的环境，没有一个挑战孩子、提供大量保持主动、探索和创造机会的情境，"开放框架取向"

就没有任何意义。环境的丰富性，可以通过两种方式进行检验。多样性是第一个可能的入口。可能的经验范围有多广？各个感官都可以在这里得到发展吗？是否有足够的推动力确保每个发展领域和倾向都在孩子们的活动中被调动起来？另一个是"深度"的概念。存在多少有待儿童发现的东西？所提供的活动是否丰富到足以回应机构中各班儿童的各种发展水平？机构中的实际活动是否有足够的复杂性，还是已经被成人加工处理到把有关发现、冒险和偶然性的乐趣完全从儿童的日常生活中消除了？

乌尔里克和迈尔（Laevers & Heylen，2003，p. 33）也指出：

  观察一个儿童在特定活动中的卷入水平，不只是让教师了解儿童的个人兴趣。当儿童不卷入绘本阅读，未必是他对绘本本身不感兴趣，也可能是由于绘本的呈现方式存在问题。

那天上午快结束时，我和工作团队谈起了 A1，她成了我的关注对象，她高度卷入孩子们的活动。在过去的几个月里，她为幼儿园提供了丰富的资源，并即将在别处开始一份有薪的工作。我们谈论了她高质量的工作，以及"对儿童敏感、共情的理解""设身处地考虑儿童的想法"的能力（Laevers，1994，p. 8）。麦克尤恩（McEwan）将在第五章讨论成人的卷入。

根据卷入水平评价教育供给

作为我们在该幼儿园里研究活动的一部分，教师们有兴趣使用《鲁汶卷入量表——幼儿版》这一工具来丰富以往做过的评价。他们听说过它（却没有听说过莱弗斯），但没使用过。我与教师 A2 一起工作，她建议我们各自独立地观察她的一个关键儿童，然后比较我们对其卷入水平的判断。

案例一：卡勒姆和沙坑厨房（安妮记）

卡勒姆站在另一个孩子旁边。他边看那个孩子边刮托盘，大声笑着。他在往一个碗里装沙子时，似乎意识到 A2 正在观察他，他抬起头，微笑着。碗装满后，他把碗放进烤箱，然后拿起平底锅继续装沙子。把锅填满后，他双手拎起锅放进烤箱。

4 级

案例二：卡勒姆和沙坑厨房（A2 记）

在沙盘旁，他很享受地边搅拌着沙子，边与另一个孩子互动。他装满一碗沙子，把它放进烤箱里。他快速地看了一下烤箱帘的后面，看看那碗沙子是不是烤好了。他开始往平底锅里装沙子。另一个孩子也在给他的锅里加沙子，然后他把这个锅放进烤箱里，而另一个孩子把一个锅放在了最上面。

4—5 级

在共同反思中，我们讨论了 4 级和 5 级卷入水平之间的差异，根据儿童的典型表现和《鲁汶卷入量表——幼儿版》，讨论了 A2 给卡勒姆评 5 级的推理过程，但卡勒姆偶尔会不那么专注，表明他的卷入水平更接近 4 级。A2 对卡勒姆的社交游戏水平感到惊讶和高兴，因为他在活动刚开始时还是心烦意乱的。她发现了一种不同的观察方式。伯纳德等人（Burnard et al.，2006，p. 156）引用了阿诺德（2003）的话："莱弗斯（1997）界定的卷入的典型表现可以为家长和教师提供关于儿童学习是否适宜和有益的衡量指标。"A2 很兴奋地要跟卡勒姆的家长分享她的观察，这是整个过程中非常重要的一部分。今天早上，妈妈离开的时候，卡勒姆很不安。将观察结果分享给卡勒姆，有助于强化他在幼儿园中的积极体验。

费利西蒂聚焦于观察户外的一个自发游戏，有些大黑板和粉笔被放在了出口的大门附近。一个孩子要了水来刷黑板，这变成了一个让孩子十分投入的繁忙的活动。A2、费利西蒂和我讨论了这个活动，因为儿童的卷入水平（5）很高，且很有乐趣。我问A2为什么她觉得这个活动可能会很引人入胜，她回答说因为这个游戏是新的。我觉得原因在于这个游戏的混杂性、开放性和冒险性（冒险性是在儿童自发和主导的过程中产生的，而不是指结果），我们又讨论了如何延展这个活动，并将活动区重新安置到远离门口的更大区域，配备更多的水、更大的刷子、粉笔、颜料和鹅卵石。正如爱德华兹等人（1998，p.67）所说："不是成人教什么，孩子就能自动学到什么。孩子学到的，很大程度上源于自己做了什么，而这又是他们的活动和我们提供的资源相结合的结果。"A2对于把大的鹅卵石放在户外让孩子们创造性地使用感到越来越兴奋，然后我又谈了水、沙坑厨房和室内沙盘，因为这时共同体学习的机会出现了。

内部讨论在继续，它清晰地表明反思与观察一样有用，甚至更有用。我们谈论了A1的高质量互动、沙盘活动的可能性，以及我们观察的过程中哪些活动没有玩过，包括许多桌面活动，还有地板上三个车库的游戏。所有教师都表示，他们并没有真正思考过9月新入学的这群孩子的年龄范围、需要的空间以及可能有不同的兴趣。他们表现得很享受我们正在进行的讨论，承认每天的安排、整理活动和常规具有挑战性。布朗在本书第三章中进一步讨论了反思《鲁汶卷入量表——幼儿版》对环境创设的潜在助力。惠利（2007，p.14）解释说：

> 我们分享了我们对这个量表的理解，它不是为了评判儿童的表现，而是作为一种工具来评估成人给儿童提供的教育供给是否足够有挑战性以支持和拓展他们的学习："儿童极为集中的注意力，通常表明成人的刺激与儿童特定或一般的关注点是相匹配的"（Athey，1990，p.63）。当儿童深度卷入时，他的量表评级是4—5级，教育供给是适宜的，教学方法是具有支持性的。当儿童评级较低时，教育供给有问题，成人可能在不恰当地干预，或者这个儿童的

康宁水平可能很低。

我们可以看到，这个早上使用《鲁汶卷入量表——幼儿版》共同进行的简短观察，可以成为评价教育供给的催化剂，也是一种观察儿童的新方式。沃特斯（2009，p.26）建议：

> 通过思考诸如卡尔（2001）的通过学习故事进行参与式评估以及莱弗斯的通过使用卷入量表关注"儿童状态如何"之类的方案，我们开始以一种真正将儿童福祉放在实践中心的方式关注我们所照顾的儿童的需求和声音。

体验式教育和"适合目的"的课程

在一系列专业发展课程中，我与许多有经验的教师分享了莱弗斯的《鲁汶卷入量表——幼儿版》，随后被邀请在当地的一所幼儿园主持在职培训，许多实习教师也在那儿接受职前培训。该园园长和副园长在审查他们的评估规定，认为莱弗斯的想法"阐明了自己关于儿童和教育的看法，与许多其他理论相一致"（Pound，2011，p.84）。由于每学年都有三分之一的儿童是临时在园的，因此他们采用融合式的教学法，将《鲁汶卷入量表——幼儿版》作为伴随体验式、基于项目活动的课程的整体性过程评估的一部分。我幸运地获得了一年的假期，担任那里的副园长和基础阶段协调员，以进一步支持幼儿园的发展。重视保育质量和儿童的体验是教师最重要的实践原则，这或许反映了莱弗斯在许多的研究论文和演讲中突出强调的一个关键点：

> "深度学习"这一概念最大的影响之一是在教育评价领域。我们要质疑的不是那种对测评幼儿园儿童发展结果的渴望（尤其是教育局），真正的问题在于主导评价的范式没有考虑到真正的变革。

例如，在沟通方面，能力被过于细碎地分解成词汇和语法理解等基础要素。专业人员，包括测试设计者，似乎都不太理解沟通能力强和差的人之间的差异究竟在哪里。

改变发展结果的测量方式只是"深度学习"这一概念的影响之一。另一个，当然是提升教育质量。

太多的教育必须被丢弃，因为只是向系统添加"文件"，而没有改变处理传入的刺激的"程序"。真正的能力不只是聪明，甚至与聪明不是一回事。我们想要的是"有教养"的人。如果以此为标准，那么幼教工作者可以在计划和执行介入措施时让自己聚焦到一个关键的参照点：儿童的卷入。

（Laevers，2007b，pp. 67–68）

在解释体验式教育的方式时，莱弗斯把线性的方式——在教师的教授下，儿童以一种固定不变的发展路径来学习——与整体的方式做了区分。这个流派推崇的方法有这样的特点："认可超出可见事物范围的动态过程，认可各种要素和参与者之间的互动，认可这些互动的持续性和满满活力的那些方面。"（Laevers，2007a，p. 25）。这个教学法流派似乎与当下英格兰的教育政策存在一定程度的矛盾，当下政策强调预期目标、核心具体目标体系和学业成绩。莱弗斯（同上，p. 18）进一步指出："当我们把这些见解用于解析教育政策时，不难把英格兰在 20 世纪八九十年代的教育政策归类为'线性思维'。"以下这一长段引文会引起许多幼教工作者的共鸣：

当我们安排课程内容时，根据各发展领域的一般目标进行描述理应是一种合理的方法。然而，在进一步阐述目标的过程中，就不得不面对一些风险。第一个风险是将一般目标分解为一系列操作性目标，甚至要把它们与特定的年龄段挂钩。我们注意到，这种阐述暗示教师：(1) 这些具体目标覆盖了特定发展领域的全部内容；

（2）该领域的一般目标必须通过——训练儿童每个单独的技能来达成。当政策制定者不给课程实施留有开放空间，硬性要求教师执行所有程序，诸如制定以达成目标为导向的方案、强加具体的活动和评估，这时风险就会更大。其后果是强制执行一种特定的教育模式，使我们越来越远离所提倡的"开放框架取向"。儿童发展过程的复杂性得不到考虑，尤其是儿童的发展路径各不相同，而深度学习设计程序又存在限度。发展适宜性的方法需要儿童积极参与，他们的回应和主动活动将标识出他们当下需要什么样的推动。即使详细说明发展阶段是可能的——我怀疑我们在很多领域是否已经具备了这种洞察力——也不能直接将其作为给一群儿童制定详细发展路线的指南。对于另一种整体的方法，我们强调确保以这样一种方式来描述所选发展领域的重要性，即能让教师掌握该领域的核心。整体并不意味着"模糊"或"神秘"，而是意味着，当我们谈论大动作发展、社交能力、语言能力和推理时，要抓住它们的核心、脊梁和关键。这正是我们在最新版的"过程导向儿童监测体系"中努力在做的事情（Laevers, 2005）。

（Laevers, 2007a, p.26）

在进入基础阶段的前几周，我们运用学习故事、照片、便利贴评论、共同讨论以及与家长沟通等方式，对儿童进行多次观察。沃特斯（2009，p.24）补充说：

> 莱弗斯认为，卷入水平最高的儿童会表现出康宁（Anning & Edwards, 2006），更容易进行深度学习（Laevers, 2000, p.20）。卷入关涉"活动的紧张度，即人在多大程度上沉浸其中"（同上），它与契克森米哈赖（1979）提出的"心流状态"相关联，儿童在游戏时通常能体验到这种状态（Laevers, 2000）。

我跟骨干教师、特殊教育需求协调员（Special Educational Needs Co-ordinator，SENCO）和基础阶段协调员一起开会研究出一个简单但有用的"红绿灯系统"，旨在标识康宁和卷入水平得分低、中和高的儿童。我们的目标是在随后的学期中帮助"红色孩子"变成黄色和绿色，因为得分低的孩子会感觉很难获得和享受所有学习经验，并且难以对学习机会持有开放的心态。我一开始对"红色孩子"这个标签有些担忧，但幼儿园开设了"红色课程"，他们让我放心，因为这个标签的使用不会造成偏见和歧视。"红色课程"是我在教育机构中碰到过的最细心的培养活动之一。教育机构会讨论每个孩子的具体需求，始终以帮助儿童提高康宁水平为先，常规性地安排许多循序渐进的小组活动，比如唱歌、跳舞、讲故事、玩玩偶、玩竞赛类游戏、做园艺、玩双语游戏和感官游戏等，所有活动都以非正式的游戏形式定期在全班开展。库法罗（Cuffaro，1995，p.1）引用了杜威的话：

> "哲学就是思考已有知识对我们的要求是什么，它迫使我们采取何种回应态度。它是有关可能性的一种想法，而不是对既成事实的记录。它提出了一项需要完成的任务——需要尝试的事情。它的价值不在于提供解决方案（这只有在行动中才能实现），而在于明确界定难点并提出处理它们的方法。"（DE，p.326；MW 9，p.336）

> ……在教学中，实践必须基于由教师创造和有意识地保持并经受住批判性探究的哲学框架。这代表了教师的选择、价值观、知识和信念，还有他们的抱负、意图和目的。它起着指导和激励的作用，有助于教师决定教室中日常生活的细节。

有个叫埃伦的孩子，是基础阶段年龄最大的孩子之一。她来幼儿园时就能流利地读写，但康宁和卷入水平处于低至中等水平。她很难交朋友，似乎对很多活动都提不起兴趣，在特殊照顾小组似乎对她也没有帮助。莱弗斯和海伦（2003，p. 183）在分析福莫西尼奥（Formosinho）"儿童卷入与教师风格"的研究时谈道：

> 他对有关教师使用卷入量表的思考的质性分析，揭示了这个工具是怎样以一种不言自明的方式激发他们采取行动的。当观察到儿童的卷入水平低时，教师开始分析情境，寻求开展能够激发儿童内驱力的活动的方法。这种行动最初是针对全班的，渐渐地，个别孩子也开始成为关注的焦点，由此，有针对性的干预措施成为教学的一部分。

我们仔细观察了埃伦，识别她在绘画与书写中表达的主题和想法，然后让她与一个只会画而不会写的年龄较小的孩子艾莉森结对，鼓励她们制作书籍，然后制作服装。艾莉森喜欢角色扮演、舞蹈和表演，她们组成了一个令人惊叹且富有创造力的团队！缝纫活被引入常规的制作区中，埃伦还在一名教师的陪伴下，到一年级的班级中参加了一些活动，直到她能够自信于自己可以在那儿为止。

> 在机构的一天中，儿童要经历几种类型的组织形式。从教育的角度来看，用儿童在各种活动中做选择的自由度来描述这些组织形式会很有意思。在幼儿园中进行的研究表明，在班级层面上给儿童机会主动发起活动，是有利于儿童卷入的最重要的干预变量之一。
>
> （Laevers，1997）

第二学期，埃伦从黄色变为了绿色。这些干预措施似乎足以支持她的康宁，她已准备好更深地卷入令人兴奋的新的学习机会了。

我们这个教师团队很愿意使用《鲁汶卷入量表——幼儿版》，把它与学习故事和其他形式的观察评估结合起来使用，以支持儿童的学习，并评价提供的学习环境。对于那些在进入早期教育基础阶段之前曾在不同机构间转来转去、有特殊需求、家庭成员不说英语以及像埃伦这样已经具备许多学业能力的孩子，这样做特别有用。它是"另一种视角"，跟很多机构一样，我们发现它是一个可以促进讨论和专业发展的丰富的资源。我们将观察作为早期教育实践自然而然的组成部分，使用这些量表来突出对个别孩子的特殊关切并给他们特殊的机会，还采用基于项目活动的方法来鼓励儿童的兴趣并提供资源以支持他们。我回想起埃伦和艾莉森能够领导我们有关12月份的制作活动的讨论，当时我们选择了某个故事，对缝纫感兴趣的孩子制作了服装，"小建筑师们"在学校附近的街道行走、思考烟囱的设计之后建造了烟囱，我们还研究了驯鹿的鹿角和关于小精灵的童话故事。

我们还监测了各班总体的卷入水平：

> 它强调了教室环境和更广泛的幼儿园环境中可赋能情境的重要性。所研究的每个机构都支持教师和儿童的游戏，并鼓励儿童自信和自尊。这有助于支持儿童提出各种问题，并通过可能性思维发展他们创造性地学习的倾向（Burnard et al., 2006）。机构中的成人有意识地珍视儿童的主体性，即儿童有能力形成想法并将之付诸行动。他们认可并鼓励儿童的动机——莱弗斯（1993）和之后的帕斯卡尔、伯特拉姆（1997）都经过论证发现了强烈的参与动机可以带来高参与水平，是早期教育中高质量学习的一个标志。
>
> （Paige-Smith & Craft, 2008, p. 99）

莱弗斯（2000, p. 25）使用《鲁汶卷入量表——幼儿版》所做的研究显示：

> 一个机构内的卷入水平往往或多或少是稳定的（Laevers, 1994），是环境因素（包括教师如何带班）和儿童特征之间相互作用的结果。康宁和卷入的概念不只是对做研究有用，对于想要提高工作质量的教师来说同样有用。

莱弗斯（2009）在主旨演讲中提到，他所有著述的核心内容就是尊重儿童、积极的班级氛围、丰富的环境、教师风格和"开放框架取向"。我在幼儿园里与熟悉的教师一起使用《鲁汶卷入量表——幼儿版》工作了一年，用莱弗斯的观察工具，向实习生介绍他的思想，并参与了幼儿园的一个小规模项目。这些经验让我提出以下几点可能有帮助的建议：邀请"有经验的他人"支持自己的专业发展；教师团队一起阅读和讨论卷入的典型表现，然后是卷入水平的等级，运用你对儿童的非正式了解来帮助解说低、中、高卷入水平的典型表现；思考共享团队教学法的全部含义，这种方式可能会非常有益于对环境和使主动学习者卷入的体验式教育进行评价；在你的机构中让教师拍摄儿童活动的视频或者结对观察儿童，讨论其卷入水平，基于典型表现证明决断的正确性，并自信地开展进一步观察；开始整理每名儿童的卷入水平和整个班级的卷入水平；监测儿童卷入水平高和低的那些活动，和团队一起讨论如何改变活动、环境以及供儿童选择的空间。有关莱弗斯（1994）的十项行动要点的更多信息，请参见本书第三章。最后，复盘你在支持创设有效的学习环境的地方或国家政策方面的工作。

莱弗斯（2009）在苏格兰的演讲是鼓舞人心的：

> 总结一下，让我们在教育环境中引入"冒险"和"惊喜"的概念。让我们给予教师信心，他们可以放下对固定计划的依赖，让我们支持他们学习站在儿童的角度看待问题，这样才能发现并抓住珍贵的机会。
>
> 我们真正想要的是儿童、年轻人等学习者的康宁与卷入。同时，我们知道当实现了这一点时，当成人创造了这一点时，成人也会因此获得力量。我们也知道，在团队层面上我们同样需要康宁和卷入，感觉在团队中一起做事很不错，同时也要有开拓的精神。有了这种协同作用，一加一就会大于二。一个人有一个想法……另一个人带来一个新元素，并把它添加进去。在那儿，你可以感受到团

队的能量。我们都知道，儿童、成人与团队的康宁和卷入有多美好，我们确实意识到了，这就是我们在这里的原因。归根结底，我们需要这些，因为我们抓住了可以塑造未来社会的那个重要……最重要的杠杆。

激发思考的问题

★ 评价一个有计划的活动，探究班里儿童的反应以及儿童之间的关系发生了什么变化？他们的卷入水平有多高？哪些是有效的要素？儿童感觉放松吗？他们感受到了多少激励和挑战？

★ 你的机构给人的体验是什么样的？儿童在多大程度上体验到了心流、沉浸的状态、控制感和专注？

★ 如果已使用过《鲁汶卷入量表——幼儿版》，你们团队是否经常根据对儿童个体、全班儿童和活动的评价进行讨论和制订计划，而不是只把卷入水平的结果记录下来？

★ 如果你尚未使用《鲁汶卷入量表——幼儿版》，那么你打算下一步如何将这种方法纳入观察评价的工作中？

★ 最后一个问题是：你的"池塘"中上一颗鹅卵石是什么事或者哪个人？思考它可能带来的涟漪反应。

第三章 支持卷入的环境

本章不仅探究了儿童在物理学习环境中遇到的事以及环境中的物品,还探讨了儿童与环境中重要他人的互动。我乐意采纳布鲁斯（2005, p. 59）的观点:"环境是幼教工作者把儿童与各种知识联系到一起的机制。"与布鲁斯（2005）的著述一致,本章旨在探讨:

- 儿童——他们的发展阶段和兴趣;
- 社会文化背景——价值观、人、场所和物理环境中的各种事物;
- 内容——在学习环境中为儿童提供的东西、潜在的学习机会或广义的"课程"。

本章概述了为儿童和与儿童一起创设充满活力的适宜的环境的重要性,从而支持儿童的康宁和卷入。有一种观点认为,学习环境应被视为一种物理环境,包括室内环境和室外环境,因此本章不完全侧重于谈室内环境,而是探讨可以同样适用于室内环境和室外环境的一些想法。

在一所幼教机构中,把物理学习环境与情感环境割裂开是不可能的,机构所倡导的文化价值观在教师、家长和儿童之间的互动与交流中传播,也体现在物理环境——布局、常规和资源之中。每个重视与家长建立伙伴关系的机构都会设立一个欢迎区,用于问候家长、会见家长,设置信息板为家长提供信息,在计划一日常规和运用教育方法时也会考虑满足家长的需求。家长知道教师的名字,会安心地与他们接触,教师也会对他们所照料的儿童的家庭生活和经历有所了解。同样，学习环境中诸如小巢、小窝之类的区域，既可以满足儿童的身体需求——可以在里面躲藏、躺下、睡觉，也可以满足儿童的情感需求——可以感到舒适、安全、安心，有像家一样令人感到安慰的用具。

人们普遍认识到，儿童需要"在家"一样的自在感（Edgington, 2004, p. 79），在环境中感到安全、安心和受到珍视，才能"扩展活动范围"（同上, p. 108），自信地进行身体、情感、社交和认知上的探索和活动，从而达到深度学习这一终极目标和契克森米哈赖（1990）所描述的"心流状态"。幼教机构的文化可能与儿童所习惯的文化截然不同（Rogoff, 2003），因此儿童进入机构后的过渡期需要被认真对待，以确保儿童没有压力地顺利适应。在当前以"入学准备"为重点的教育大环境中，这一点显得尤其重要。越来越多的儿童在越来越小的年龄进入学校这一有时相当正式的学习环境，加入将重点放在学习成绩和建立了基线测试制度的班级。有些儿童在初次进入新环境时很可能需要时刻与熟悉的成人或者与熟悉的活动和物品相伴。他们需要时间来适应新环境，知道自己在哪里和该说什么。成人需要认识到这一点，并在这个过渡阶段为儿童提供适宜的支持和鼓励。

因此，儿童康宁的重要性应该得到充分的认识，这是他们学习与发展的根本，也是本章内容的基础。但是，本章更多地关注成人如何支持儿童在物理学习环境中的卷入，以确保儿童进入高质量的环境，通过将有爱的照料和发展适宜性教育相结合，满足儿童全面发展的需求。我秉持学习与发展的整体观，与布伦金和凯利（Blenkin & Kelly, 1996, p. 10）的观点相似，认为"教育首要关切的应该是最大限度地发挥每名儿童作为人类一员的潜在能力"。

根据教师们的经验，莱弗斯等人（1997, p. 7）制定了"十项行动要点"（见表3.1），可以指导成人在学习环境中发挥作用。

表 3.1　十项行动要点

1. 重新布置教室，创设有吸引力的区角或区域。
2. 检查各区域，将没有吸引力的材料替换成有吸引力的材料。
3. 引入新的新奇不守旧的材料和活动。
4. 观察儿童，发现他们的兴趣，提供能满足其需求的活动。
5. 通过激励和丰富的干预措施，支持儿童正在进行的活动。
6. 增加儿童自由、自发活动的可能性，并以合理的规则和协议来支持这些活动。
7. 了解自己与每名儿童之间的关系以及儿童之间的关系，并尝试加以改善。
8. 引入一些活动，帮助儿童探索行为、情感和价值观的世界。
9. 识别有情绪问题的儿童，并制定出持续的干预措施。
10. 识别有特殊发展需求的儿童，并制定能让他们卷入困难领域的干预措施。

Laevers et al., 1997.

自从幼儿园教师有意识地开始将卷入和康宁作为实践的指导方针以来，人们关于理想的教育方法的思考有了新的推动。提高儿童康宁和卷入水平的详细做法以"十项行动要点"为框架。从对教室布局的建议到针对有特殊发展需求的儿童的指导策略，这些为教师提供了丰富的方法，供其采用。

在这些步骤中，成人不仅要观察和倾听儿童的心声，还要真诚地同情和有意识地站在儿童的角度考虑问题；不仅要"站在他们的立场上"，还要在规划环境及投放材料时理解他们的内心想法。它们也可以被用于教师的自我评估，以及对环境的质量和有效性的评估。

这些行动步骤可以被划分为以下四个主题，本章将依次讨论这些主题。

- 物理环境和环境中的资源；
- 成人的角色：观察、支持、丰富游戏和环境中的供给；
- 环境中进行社交和情感学习的机会；
- 在环境中满足个体需求。

物理学习环境

正如玛格丽特·麦克米兰（Margaret McMillan）（Huleatt, 2015, p.106）所说："我们正力图创设环境，在这样的环境中，教育无处不在。"

"刺激"一词常被用来描述为儿童创设的学习环境。五颜六色的风铃悬挂在婴儿床和地毯上方，玩具和展示板可能颜色鲜艳，儿童做的手工作品常从天花板上悬挂下来盖住了墙壁。而我们认为，环境所提供的刺激有可能过度了。

自《伯科评论》[①]（Bercow Review, 2008）发布以来，口语、语言和沟通需求一直被视为重中之重。环境对这些需求的影响曾被认为并没有那么大，直到"交流友好空间"这种方法被引入（Jarman, 2007）。这种思考环境的方法包括反思颜色、空间、光线和温度等物理特性，也要考虑到空间对情感上的安全感和康宁的影响。为儿童提供很大的敞开式空间可能会令他们感到害怕，对第一次离开熟悉的照料者的儿童来说，更没有安全感。贾曼（Jarman）举例说明，可以利用织物和靠垫在一个大面积的环境中创设较小的有接纳感的空间，从而让环境变得"柔软"。她还认为，有针对性地运用颜色可以减少对儿童的过度刺激。有关儿童如何看待教室中使用鲜艳的颜色的研究表明，儿童实际上认为这很"幼稚"，没有必要选择这些颜色（Ceppi & Zini, 1998）。切皮（Ceppi）和齐尼（Zini）提到"裸"环境，其颜色来自儿童与环境的互动，如他们

[①] 由议员约翰·伯科（John Bercow）撰写，原标题是《面向有口语、语言与沟通需求的儿童和青少年的服务情况综述》[A review of Services for Children and Young People（0—19）with Speech, Language and Communication Needs]。——译者注

穿的衣服、展示的作品和带到环境中的物品。进一步的研究强调了天然环境对儿童的重要性。"瑞吉欧儿童"（Bondavalli & Mori，1993）发现儿童的观点包括"你如果有点难过，可以看看花园，就会高兴起来"和"光是看看花，我们就会有一种快乐的感觉，因为一切都在生长"。瑞吉欧·艾米利亚的幼教机构里通常在空间上把室内外连接起来，有适合儿童身高的窗子，儿童从室内外可以看到户外的景色。植物等自然物可以被带到室内，以创设绿色空间，传递平静感。

让儿童卷入：儿童想要什么样的空间

显然，儿童想要的是私密的且没有成人管控的空间。莫斯和皮特里（Moss & Petrie，2002）认为，儿童需要与其他儿童进行同伴交往，需要组建社群，这就需要一个没有成人管控的空间，这提示我们应该照此需求来规划环境。儿童在游戏中常常会搭"小窝"（Tovey，2005），教师可以通过提供低结构材料以支持这样的行为。教师要意识到，在不能时时刻刻看到儿童时需要多一分理解和信心，这一点很重要。克拉克和莫斯（Clark & Moss，2011）用马赛克方法（这是一种研究儿童的很好的方法，它将非正式访谈、拍摄、绘制地图和观察结合起来）进行的研究支持了这一点。他们的发现表明，户外空间、私密空间和社交空间在儿童拍摄的照片中占有重要地位。另一个共同的主题是儿童重视个人空间，比如他们有自己的"界桩"。儿童往往还很看重"它们是几号"。也许用儿童的年龄而不是数字10或20给界桩编号更有意义。这表明，环境在培养儿童的归属感方面具有重要的作用。支持这种感受的其他方法，包括使用儿童的照片并在家庭和幼儿园之间建立联结、在娃娃家里摆放儿童的照片和他们家人的照片，或者让儿童把班级的海报和纪念册带回家以留出空间放家庭照片。

> **案例：朱丽叶·克拉克，诺丁汉郡**
> **罗伯特·梅洛斯小学和幼儿园**
>
> 把我们现在的幼儿园班级和学前班合并在一个空间中，是回顾和重新思考学习环境的一个机会。儿童需要什么？儿童想要什么？对环境创设有一个清晰的教育理论基础与考虑儿童如何最有效地学拼读，对我们来说同样重要。满足儿童口语、语言和沟通方面的需求是重要议题，同时我们也要考虑如何提供环境支持。我们使用了贾曼（2007）的"交流友好空间"方法中的一些内容来影响我们在空间、色彩和刺激方面的决策。我们首先去除了一些挂得很高的展示物，以高度较低的展示物取而代之，正好它们也充当了不同区域之间的隔断。这些展示物以一些素净的背景为衬托，儿童的作品被放在展示板上以避免过度刺激。用家具划分活动区，为儿童创设隐秘的空间，他们可以独自或与他人一起进去。在设计主要被用来开展由成人主导的活动的教室时，为了让儿童能够倾听和专注，我们增加了材质柔软的材料，如柔软的家具和窗帘，环境中许多干扰因素被消除了。
>
> 我们思考了各种资源的呈现方式，反思了如何把儿童吸引到特定的活动中。从美学角度来看，重要的是要利用高质量的资源，并以一种让儿童容易做出选择的方式呈现。减少所提供材料的数量，有助于儿童在选择时不会感到应接不暇。某些机构试图给予儿童选择权，让儿童自己选择资源，却导致了选择过多。将数量较少但质量很好的水桶和铲子展示出来，以便儿童能看出它们的大小并进行比较，这比将十个水桶堆在一起更好。
>
> **倾听儿童：** 为了了解儿童对环境的看法，可以使用各种方法，包括拍照、制作地图和非正式访谈，这些是马赛克方法（Clark & Moss，2011）的不同"块面"，拼在一起就可以呈现出儿童视角和观点的丰富图景。儿童卷入了娃娃家和户外隐秘区这两个区域的规划中，因为研究发现，娃娃家是最受欢迎的区域，但太吵又太小，而户外没有安静的空间。

可以说，让儿童参与对环境的决策会影响他们的卷入水平。儿童会形成主人翁意识，这可以让他们产生高度的自豪感，并通过保持区角的整洁和提出改进建议来爱护环境。实际上，儿童参与本身就是一种真实的生活经历，给儿童提供了许多机会，让他们为了一个目的而书写、阅读和计算。索贝尔（Sobel，2002，p. 61）总结道："如果我们允许儿童塑造自己的世界，那么他们在成长过程中就会知道并感受到自己能够参与塑造这个大世界。"

真实的资源

正如第二章提及的在幼儿园中进行的研究所证明的那样，成本低但为高卷入水平提供机会的资源通常比更昂贵的资源产出更多的创造性和探索性。意大利北部瑞吉欧·艾米利亚市的幼教机构充分利用了雷米达中心[①]（Remida centre），那里有大量的回收材料和物品，有待通过开放式游戏被重构和再创造。"雷米达"这个名字来自米达斯国王（King Midas）的传说——只要凭借一点想象力，破损或未使用的物品就能获得新的样貌或"变成金子"。

儿童知道真与假的区别，真实的物品为儿童提供了真实感。使用真实的食物，如袋装、罐装的干意面或小扁豆，可以让儿童与他们在家里体验过的东西建立关系，或者延伸到烹饪活动。诸如水壶、器皿和炖锅等真实物品让儿童能够体验不同材料的材质，这与使用塑料制品所带来的感官体验是不同的（Bruce，2005）。

自然类开放性资源有多种不同的使用方式，因此能激发更多的创造力。尼科尔森（Nicholson，1971，p. 6）的"开放性材料理论"认为，可移动和可变形的特性使材料更具开放性，儿童可以用许多不同的方式对材料加以组合和利用，因此这些材料更具有游戏潜力。"在任何环境中，可发明和创造的程度以及发现的可能性，都与环境中包含的可变因素的数量和种类成正比。"

---

① 一个物料回收利用中心。——译者注

开放性材料和日用材料（包括废旧物品，回收的、人造的和自然的材料）可被用于探索性游戏或启发性游戏。适用于玩启发性游戏的材料，包括海绵、平底锅盖、鹅卵石、松果、钥匙、羊毛球、链子。它们的使用方式不是由教师预先确定的，而是开放的，可以充分调动儿童的创造力和想象力，因此适用的游戏范围不受局限，通常更吸引儿童卷入。儿童可以通过滚动、敲打或摇晃来抓握、挤压和探索物体，可以放置和重新排列，通过触摸等行为研究它们的质地、重量等特性。材料通常以吸引婴幼儿的方式被呈现在"宝贝篓"或"样品盒"（如收藏的闪亮物品）里，为他们提供丰富的感官和探索体验，以理解自己周围的世界和事物的运作方式（Goldschmeid & Jackson，1994）。

关于环境的讨论中最基本的思想是，成人在规划学习环境时提供的事物及其摆放位置和呈现方式，潜移默化地影响、扩展和支持着正在发生的学习。

观察、支持、丰富游戏和环境中的供给

行动要点 4、5 和 6（Leavers et al.，1997）涉及成人如何在学习环境中观察、支持儿童的游戏和活动并挑战儿童，从而支持他们的卷入和深度学习。儿童并不总是需要成人在场才能在游戏中深度卷入和获得意义，但是成人需要对儿童的需求保持警觉，作为儿童可得的一种资源，在必要时随时提供支持。卡茨（Katz，1993）认识到了成人作为儿童资源在场的重要性。儿童是社会性生物，在社会情境中学习，因此，如果不与感兴趣的他人进行有意义的互动、结伴探究和在游戏中一起冒险，那么材料再丰富的环境的价值也是有限的。虽然成人参与儿童的游戏被视为一个有争议的问题，这一点我们将在本章后面探讨，但达菲（Duffy，2006，p.118）引用了金德（Kinder）的观点，他观察到成人在场并卷入活动可以促进儿童的参与、专注和探索。

莱弗斯（2006）认为，当儿童深度卷入某个活动时，他们会表现出持续的专注，并且最大限度地发挥能力。知识渊博的教师能充当促进者，使儿童最大限度地利用学习环境；维果茨基（1978，p. 90）把这描述为"在儿童达到独立做事的能力极限时给儿童提供支持"，并指出：

> 学习的一个重要特征是形成了最近发展区，也就是说，学习会唤醒各种内在发展过程，这些发展过程只有当儿童与环境中的人互动、与同龄人合作时才能发挥作用。一旦这些互动过程被内化，它们就会成为儿童独立发展的一部分。

在本书的最后一章中，格里普顿更详细地探讨了评估和计划。

回应儿童的兴趣

为什么要关注儿童的兴趣？瑞吉欧·艾米利亚的影响体现为成人在激发并回应儿童萌生的问题和好奇心上所起的作用（Rich et al., 2006），这可以作为探索可能性的催化剂（Gripton, 2013），要求教师对游戏中显现的可能性做出回应（Craft, 2011）。如果教师固守预定的话题或主题，那么儿童的学习可能看起来是矫揉造作的、不自然的，因为这种活动是为了符合主题而不是适应儿童而设计的（Bruce, 2005）。相反，教师如果观察儿童并注意到他们的兴趣，就会发现对儿童有意义的"迷你主题"。莱弗斯展现了成人这样回应儿童的兴趣是如何促进儿童的高水平卷入的。例如，教师在观察到一群儿童在凹槽里赛车后，提供了以汽车为主题的读物和材料、带编号的轨道、不同表面的赛道、汽车海报、手册和驾驶执照，所有这些都会比一般的交通主题引发更高的卷入水平。这种回应儿童兴趣的方式似乎还对男孩独特的学习风格产生了影响，不同话题可能更符合男孩或女孩的兴趣，教师应及时对兴趣区进行调整，使它们对每个人都有吸引力。同时采用多个"迷你主题"意味着可以满足儿童的几个兴趣，从而提供更具包容性的环境。当然，一个被广泛引用的观点认为（Paley，1986；Edwards et al.，1998），男孩更喜欢参与较活跃的学习活动，而户外活动尤其适合这种类型的学习。教师应该思考是否像重视室内学习那样重视户外学习。例如，如果儿童在户外进行了书写活动，为大型建筑物制作标签或给植物写标识牌，那么是否还有必要坚持让他们也在室内进行书写活动？教师还应考虑自己在物理环境中常处于什么位置，因为这可能表明他们的作用。如果教师总是把注意力放在"课桌"上的活动，那么儿童可能会得到这样的信息：他们的游戏不被重视。教师还需要审视开展活动的物理空间，如果需要专注的活动或"工作"类的活动总是在桌旁进行，而不是在室内外环境中的其他区域进行，那么这也会形成一种隐性课程。

马什和米勒德（Marsh & Millard，2000）建议，我们需要提供儿童真正感兴趣的东西，不要只提供我们认为在文化或教育上可接受的东西。在以下案例中，一所幼教机构正面对着一个两难问题。

案例：社区文化

离幼教机构非常近的是一家全球连锁的快餐外卖店，这家店在儿童中非常受欢迎，许多儿童会去那里聚会。一位家长管理着这家本地特许经营的店，他给幼教机构提供了包装和商品，幼教机构可以用这些为儿童创设一个游戏区。一方面，这会受到儿童的欢迎，但另一方面，考虑到保护儿童免受直接针对他们的广告、促进健康饮食和环保等问题，这种做法引发了争议。

该幼教机构可以将这个游戏作为一个好玩的学习机会，也可以完全避开这个游戏和话题，可以创设快餐游戏区，并将其作为教育和讨论相关问题的机会。在这个案例中，在与家长讨论后，该幼教机构选择了后面一种做法。机构报告说，儿童参与角色游戏的卷入水平很高，而且在围绕将废弃物丢在地上的问题的讨论过程中卷入水平也很高；结果，儿

童成功地申请到在停车场放置垃圾回收箱的活动，并设计了海报。餐馆也同意张贴海报，从而提醒顾客在吃完后把垃圾丢弃在合适的地方。

然而，伍德（Wood，2007）认为，不要基于儿童的兴趣制定课程，因为这些兴趣可能是暂时的，而且可能会让班中占主导地位的儿童喜欢的游戏占先；相反，她主张教师集中精力支持儿童在游戏中建立丰富而有意义的联系，以便他们能够将游戏主题与自己的经验联系起来，在游戏中找到意义。

为了充分了解儿童的兴趣，我们需要了解他们的在家经验——这些是儿童现状的一部分，我们不应将他们在家和在园的兴趣割裂开或无视儿童在家的兴趣。让儿童和家长参与课程计划的制订可以发现丰富的真正基于儿童兴趣的游戏主题。我们需要将家庭经验带入教室，为儿童提供谈论他们在机构之外的经历的机会，让他们将家中的物品和照片带来展出。同样，我们需要在与家长进行的丰富的对话中分享机构中的经验。这种交流发生在莫兰与布朗记录（2013）的下面这个事件中。在这儿，我们遇到了埃德，他整整一周都深深地卷入了玩火车轨道的游戏。

案例：埃德和他的火车

埃德正在玩火车套装玩具。他这周都在玩这个，把桥梁连接在一起。到了周五，他试图把轨道垫高，建在木砖的上面。他很专注和坚定，在遇到困难和玩具不稳定时仍然坚持不懈。我们认为，他在用手势表达他试图想建的……一座桥。在家访时，我们分享了活动照片，他妈妈惊呼："那是里布尔海德高架桥！我们在学期中时去了那里。他很喜欢它。"当游戏意义被分享时，冒险就开始了……

行动要点 4：观察儿童，发现他们的兴趣，提供能满足其需求的活动。

行动要点 5：通过激励和丰富的干预措施，支持儿童正在进行的活动。

埃德无疑展现出了莱弗斯（2006，p. 5）所描述的"强烈的心理活

动"。他的全神贯注和着迷被教师关注并认可，还得到了及时的支持：当他努力搭建通往平台的楼梯时，教师提供了小积木，还跟他交谈，给予其精神支持。布鲁斯（2005）用三个关键词总结了成人在与这个案例类似的事件中所发挥的作用：观察、支持、延伸。这种游戏很容易被认为是重复且缺乏挑战的，需要成人干预才能重新聚焦和拓宽儿童的兴趣。对儿童来说，似乎有一种真正的情感联结和动力，自己可以通过游戏去理解自己的经历和更广阔的世界。

时　　间

埃金顿（Edgington，2004）充满激情地写到，教师需要为儿童提供足够的时间来探索、参与和卷入自己的游戏与环境所提供的活动。教师需要灵活地使用时间，使儿童能够长时间深入地追求自己的兴趣和想做的事。在丰富的学习环境中持续待一段时间，儿童能够巩固技能和概念，在各种课程和室内外环境的学习中建立联系。这既能增强儿童的动机，也能提高他们的专注力。上述案例中，教师给了埃德时间和空间这样宝贵的礼物，让他深入探索自己着迷的事，需要多长时间就用多长时间，最终使他能够在自己的经验中重新创造、交流和建构意义。这种随着时间推进的活动进程非常重要。莱弗斯（2006，p.6）曾说，"任何干扰或中断都是对于顺利进行的活动的令人沮丧的破坏"，这很可能导致过早地减少某一独特的学习机会。

在以下对一个大型机构中一名教师的访谈摘录中，我们看到了如何平衡儿童的需求与机构的需求。

> **案例：自由畅玩**
>
> 我们在室内外都有由儿童发起的自由畅玩的游戏，我们会尽量给他们一块很宽阔的地带。我们有一些区域，如沙水区、创意区和角色扮演区，可以让活动持续进行。儿童可以自由驾驭环境，反复做同样的事情。我们去除了活动区的标牌，设置了"正在工作区"的标牌。儿童发起自己的项目。他们最近一直在测量毛线的长度，然后把它缠在头发里。儿童可以化妆或在头发中缠着毛线来参加集会。如果可以，我们不会停止这个游戏。在叫儿童"别玩了，来读书"之前，我们都需要仔细思考一下：谁的需求更重要，我们的需求还是儿童的需求？

这表明我们需要给儿童一个安全的环境，让他们知道，第二天还可以重新回到自己的项目中搭模型，把画画完，延续或扩展游戏；还需要创设这样的环境，诸如游戏、点心时间和集体活动之类的常规活动不会中断游戏的进程。许多幼教机构设置了"点心吧"，在整个活动期间都开放，儿童在感到饥饿时可以去吃东西。这是吃东西的时间，也是儿童与朋友和他乐于交往的成人互动及社交的时间。同样，许多机构采用室内外自由畅玩的常规，而不是固守提前设定的室内时间和户外时间。上面两个都是追随儿童的需求、兴趣和支持卷入的实践范例。

互动和延伸游戏

游戏对儿童很重要，好的游戏环境可以让他们深深地沉浸其中并积极卷入，因此，教师在创设游戏环境时需要考虑到这一点。儿童自发游戏中内在的自由是莱弗斯著述的核心支柱，也是幼教机构工作的核心支柱。在莱弗斯实施体验式教育的机构中，儿童能够从丰富的活动中进行自主选择的时间约占了全部活动时间的65%。这种由儿童自主选择的活动可以激发儿童的主动性和探索动力。莱弗斯认为，提供激发内在动机的有意义的活动，会导致多个深度的卷入时段（Laevers，2006）。如何确保所有儿童在独立、自主的自由游戏中享有平等的地位和权利，是所有教师都需要探索的问题，以确保游戏环境中的全纳和机会均等。

思考在机构中应该给儿童多少自由才能让他们体验高质量的游戏很重要。莫伊勒斯和沃辛顿（Moyles & Worthington，2011）发现，由于课程改革的压力和评估工具观的影响，教师对游戏的开放性的信念在实践中没有得到坚守。他们觉得儿童在学前班[①]游戏的时间很有限，并注意到这些游戏缺少质量和创造力。似乎有些教师虽然确信游戏的好处，但对如何在遵守英国教育标准局的预期要求、评估和课程的同时把游戏纳入一日活动计划中而感到不知所措（Moyles，2010）。他们在阐发自己有关游戏的教育价值的信念上可能也缺乏信心（Moyles，2010；Williams，2010），对如何将互动教学法纳入自己的教学缺乏深刻的理解（Stephen，2010）。麦金尼斯等人（McInnes et al.，2011）和沃尔什等人（Walsh et al.，2011）都认为，这可能会导致教师对游戏活动的教育价值产生怀疑，不愿给儿童选择权和控制权。麦金尼斯等人（2011）识别出基础教育阶段的机构在实践方面的两个主要局限：缺乏在环境中准备游戏活动的时间，要求教师主导更多活动的压力逐年增加。

近年来，成人与儿童共同建构学习的观点已日益普及，导致了人们重新对游戏进行理论建构，如"游戏性结构"（playful structure）（Walsh et al.，2011）或"游戏式教学"（playful pedagogies）（Moyles，2010）。教师在与儿童活动时采用一系列整合的教学法（Wood，2013），充当协同游戏者，为他们的教学和互动带来游戏性。

哈德利（Hadley，2002）依据契克森米哈赖（1990）的心流理论，讨论了成人是在儿童游戏过程之外还是参与其中的定位问题，并断言二者都应是教师方法库里的一部分。然而，在实践中，由于教师和儿童想做的事有冲突，接受成人介入儿童的游戏进程有时可能会很成问题。在以下案例

---

① 英文为 reception classes，即英国的学前班，一般招收 3—5 岁儿童。——译者注

中，我们可以看到幼教机构中成人和儿童的不同需求之间的紧张关系。

> **案例：玩自行车**
>
> 焦点活动也可以具有游戏性，通常由成人主导，更像是成人与儿童一起探索某个聚焦点。根据孩子的需要，支持小组也被用来增强儿童的信心、社交技能或语言技能。你很难把儿童带离他们的游戏，这会让他们觉得自己不够受重视。还有孩子需要加入所有这些小组，却没有机会做他们最需要做的事——游戏！儿童喜欢花很多时间待在户外、骑自行车、玩泥巴。我们需要思考如何让他们开展活动（如数学活动），但不用把自行车或泥巴拿走。把我们想让他们进行的数学学习置于比他们的游戏更高的地位，是没有意义的。

在这里，幼教工作者指出教师很难满足所有人的需求。赫奇斯（Hedges，2010）强调，在"玩中学"与"玩中教"之间可以看到一种令人不适的关系，并提出这样一个问题——谁的目标和兴趣得到优先考虑：教师的还是儿童的？伍德（2011）认为，成人卷入儿童游戏的伦理问题是有争议的。传统上，游戏是由儿童主导的活动，但成人试图通过游戏达到学习目标，从而加强了对游戏的控制，以满足由课程和学校所界定的"儿童需求"。儿童运用且应该运用游戏情境中固有的自由来确立自己的身份、主体性和权利。诺兰和基尔德里（Nolan & Kilderry，2010）注意到，成人手握确定儿童"需求"的权力，并担心"教师最知道"的想法会持续存在。幼教工作者需要对自己掌握的权力有清醒的意识，以尊重的方式使用这种权力，尽管家长和课程给自己施加外部压力，但还是要时不时地放弃控制权，这样儿童才能"真正对怎样做事和可能学到什么有发言权"（Rose & Rogers，2012，p. 70）。

因此，幼教工作者必须思考他们与儿童沟通和互动的方式，以及他们在环境中参与、提供和指导活动的方式，因为这些都会影响儿童对活动的感知和反应。莱弗斯（2006，p. 8）把成人的启发性介入描述为"引发儿童连锁行动的开放性推动力"，这些互动被认为是影响儿童卷入水平的关键因素。莱弗斯和穆恩斯（Laevers & Moons，1997）认为，一段建立联结的互动可以分为"激发行动的"（action stimulating）交流、"激发沟通的"（communication stimulating）交流和"激发思考的"（thought stimulating）交流。

在下面这个来自布朗（2014）的案例中，我们遇到了一名实习教师，她努力参与一名学前班儿童的结构化游戏活动，但收效甚微，因为她关注的是实现预定的学习目标。

案例：蜘蛛

孩子被要求用面团做一只两面都一样的小怪兽，于是，她做了一个下面有八条腿、上面有两条腿的模型，并说："这是一只蜘蛛。"坐在桌子对面一角的实习教师看了看，说："嗯，蜘蛛有多少条腿啊……你在下面做了几条腿……上面几条腿……数一数？"孩子边看边数。实习教师继续说："你做的两面一样吗？"孩子又看了看，回答"是的"。实习教师又试着问道："如果下面的腿更多……两面怎么可能是一样的？蜘蛛身体两边的腿数量是一样的。"孩子看着实习教师，拿起尺子，用尺子在怪兽身上画了一条竖线——她把面团垫转向实习教师，这下很明显，蜘蛛身体上的竖线两边各有四条腿。孩子说："上面那两根是触角，不是腿。"

行动要点5：通过激励手段和丰富的干预措施，支持儿童正在进行的活动。

在这位实习教师和越来越烦躁的孩子之间的互动中，我们可以看到截然不同的视角。如上述案例所示，有时出于良好的意图，当我们想激发儿童的行动、交流或思考时，反而会用过多的问题"轰炸"孩子，给他们回应的时间很少，或者因为我们的先入之见和动机而没有真正倾听儿童的想法。实习教师本人也意识到了这项任务被定得太死，她期望的是最终作品的精准性，而不是学习的过程。上述案例表明，有时候我们不说的才是最有力的，如为孩子的思考留出的时间和空间、扬起的眉头、手势以及任务的开放性。当成人问太多问题时，他们会在互动中把持过多的权力和指引，没有把互动视为真正的共享对话的过程。在许

多情况下，评论而不是问问题可能是一种更有效的策略，可以支持持续性共享思维和示范如何把内在思考过程加以外化表达，这是儿童在"左右脑并用的谈话"（pole-bridging talk）中自然而然就会做的事情。哈宁（Hanen，2011）所说的"猫头鹰法"（owling）是指成人必须观察、等待和倾听，这才是成人真正支持开放的对话的一种有用策略。

社交和情感学习

行动要点 7 和 8 考虑了情绪情感、感受、行为、人际关系和价值观等儿童发展领域。这些在很多机构中通常以结构化的方式在晨间活动或一日常规的某个环节中加以探索，比如：提示哪些孩子是好帮手、为什么这么说，或者儿童选择一个标识、颜色或织物来表示他们当天来园时的心情，或者通过使用玩偶来扮演角色。为了充分满足儿童社交和情感学习的需求，我们需要在晨间活动以外的时间也探索感受和情绪的世界。有些机构调整了物理空间，设置了抚慰空间，儿童可以在那里停留，冷静一下。邀请儿童利用这个空间，将其作为一个"时间暂停区"（Nelsen et al.，2007），或者是一个让人安心的地方，儿童可以在那里体验并学习让自己的心情平复，开始调节自己的情绪和行为。

我们应将环境视为一个整体，不仅有物理环境，还有机构中营造的社交和情感气氛。在积极的情感环境中，成人将尊重儿童，尊重彼此，尊重来到机构的家长。教师会示范他们希望在日常生活中看到的行为、态度和价值观。我们的目标应该是创造一个让每个人，无论是教职工、儿童还是家长，都能安心地提问、探索和表达自己的想法、感受与观点的空间。这样，儿童和家长在第一次接触幼教机构的环境时就会感受到这是一个自己能被了解、被接纳和有归属感的地方。与机构的第一次接触非常重要；休利特（Huleatt，2015）描述了家长如何在探访机构的前 5 分钟就决定是否送孩子来，用直觉确定他们是否受欢迎、孩子在这个机构中是否会快乐。正如本书第六章中所进一步探讨的那样，如果我们要长期维持家庭与机构的联系，那么从一开始建立良好的关系至关重要。如果我们在教育的第一个阶段就设法与家庭建立充满尊重和信任的关系，那么在与机构或学校接触的整个过程中，就更有可能维系积极的关系。

我们还需要促进儿童之间的尊重和信任。在下面案例中，我们看到一个机构在发展社交和情感氛围方面正经历危机，他们要平衡儿童不受阻碍地游戏的权利与对组织、安全和秩序的需求之间的冲突。该机构正在与地方教育局的教研员合作，基于他们有关自主和选择的信念，创设一个积极的环境。

> **案例：一所幼儿园里的自由游戏**
>
> 　　一所幼儿园对他们让孩子自由游戏感到自豪。这确实很棒，儿童可以自由制作、创造、探索，自主决定在哪里玩、和谁一起玩以及玩多长时间。资源是经过精心挑选的，可以吸引儿童更深入地玩游戏。成人会观察和提供资源，但很少与儿童互动，因为他们不想干预。幼儿园中没有什么规则或行为边界，这在整理玩具的时段体现得最明显，儿童不想帮忙，实际上还在机构里把东西扔得到处都是，偶尔还会扔到其他儿童的身上。"我们该怎么办呢？"教师耸了耸肩。在一些视频片段的帮助下，教师通过分析儿童的日常经历，逐渐明白，尽管儿童有自由和权利，但环境中明显缺少尊重，也没有真正的共同体意识。教师决定在小组中给儿童放视频，询问他们的想法。"我们没那么友善，是吧？""这让我很伤心。""我们都躲着不整理。"孩子们开始自发地说他们要改："我们都应该帮忙整理，是吗？"只稍加调整，机构就会完全变个样。儿童可以在一天的开始和结束时有个简短的集体活动，只有几分钟时间，这是一段与他人建立关系的社交时间，他们谈论当天要做什么、唱歌、分享并建立几条积极的规则。
>
> 　　行动要点 7：了解自己与每名儿童之间的关系以及儿童之间的关系，并尝试加以改善。
>
> 　　行动要点 8：引入一些活动，帮助儿童探索行为、情感和价值观的世界。

在上述案例中，协商过程由儿童通过思考来主导，反映了儿童的想法。这充分表明，只要给儿童机会，他们就能展现出他们是有能力的思考者和强大的问题解决者，有能力成为负责任的公民。卡茨（1993）将这样的儿童描述为"具有积极的学习倾向的人"，他们有合作精神、有创造力、足智多谋、独出心裁和有同理心。这些倾向是在学习环境中通过儿童与重要成人和同龄人的互动而获得、得到支持或削弱的（Bertram & Pascal，2002）。在注重培养积极的学习倾向的机构中，教师会鼓励儿童坚持不懈，支持他们冒点风险去尝试自己的想法，狭隘或自私等不良行为将受到劝阻。德韦克和莱格特（Dweck & Leggett，1988）将这样的儿童描述为具有一种"掌握的倾向"（mastery orientation）。这些儿童将拥有"我能行"的内在信念，更有韧性、更独立和更能自我激励，他们更倾向于将学习视为一个允许犯错的过程，认为"我还在学习"或者"我只要不断练习，就能做到"。

满足个体需求

行动要点 9 和 10 涉及对有个体需求的儿童给予个别关注，为其提供个性化活动。莱弗斯将这样的儿童描述为"有特殊发展需求的儿童"（2013，p.5）。我认为应该拓宽视野，要考虑儿童在文化、语言、生理、行为方式、社交和情感上的需求，还有认知发展方面的需求。儿童无论在哪里出现卷入水平或康宁水平低的表现，都需要某种形式的个别关注。教师可以为他们提供成人或同伴的支持，也可以对物理空间、资源或一日常规进行调整。莱弗斯（2013，p.8）谈道：

……要从自己所处的环境（空间、儿童、材料、书籍、方法以及所有与实际情境相联系的种种限制条件）出发，选择一个行动场，采取有可能提升康宁或卷入水平的行动措施。提升无论多么微小，都可以作为成功的体验，又推动我们采取新的行动措施。

重要的是提供全纳性的学习环境，包容机构和当地社区的多样性。社区越来越在文化和语言上具有多样性的特征，许多机构的儿童来自不同的多元文化背景，牵涉不同的价值观、习俗和传统（Ang，2010）。文化是一个复杂的问题，人们很容易假设特定文化群体的需求。当然，事实上，同一文化内部的差异可能与不同文化之间的差异同样多，因此，教师与家长、家庭和社区一起讨论他们的需求至关重要，教师还要进行反思，以便直面预先的成见，避免对不同文化群体进行泛化推论和形成刻板印象（Siraj-Blatchford，2006）。林登（Lindon，2015）指出，儿童在环境中的游戏资源、图片和图书中看到自己和家庭的正面形象非常重要。同样重要的是，让儿童"走出自己家的后院"，发展和扩展他们对多样性的理解（Lindon，2015，p.1），丰富的创造性游戏材料和活动会给儿童提供机会，让他们走进其直系亲属以外的人们的生活（Duffy，2006）。

我们必须记住，无论儿童是谁、来自哪里、处于学习与发展的哪一个阶段、是否被认为"有天赋和能干"，我们都要将他们视为独特的学习者。所有儿童都需要在环境中面对适宜水平的挑战。可以参照契克森米哈赖的"心流"概念，即一种理想的状态，这种状态在儿童感知到一项任务或游戏活动可以为自己带来与其技能水平相匹配的巨大挑战时出现。所有儿童无论发展水平如何，都需要在学习中接受适当的挑战，否则游戏就有变得例行公事和机械重复的危险。因此，教师需要通过对话和观察，了解每名儿童的兴趣和动机，以及他们关于事物或自己的疑问，如"这是什么？""它能做什么？""我能用它做什么？"，以便最有效地支持儿童的学习。

激发思考的问题

★ 在瑞吉欧·艾米利亚的幼儿园里，学习环境的设计体现了教师所持的价值观。镜子被用于代表反思实践，展现多种视角的存在；空间被相互联结起来，以展示社交关系的重要性和与社区及户外的联系。你所在的环境体现了你的价值观吗？试着从一位家长的视角来看看环境，在进入机构后，你首先看到的是什么？弯下腰，降到儿童身高的高度，从他们的视角看看和感受一下环境。环境在这儿受到重视了吗？

★ 你的机构里有没有显眼的杂乱堆放的东西？有安静的空间吗？机构中的哪些部分赋予了它独特的色彩？你的环境是可供大家舒适共处的空间吗？

★ 区域里有丰富的开放性材料或自然类材料吗？还是以有特定用途的塑料材料为主？

★ 儿童对哪些区域感兴趣？你知道哪些区域得到了很好的利用吗？你们每天都会对环境及环境中的资源进行检查并做出相应的调整吗？

★ 陈列架上展示的是你的作品还是儿童的作品？如果新来的儿童或家长进入你们机构，他们会发现自己所熟悉的文化物品吗，会听到他们说的语言吗？多种多样的形象和家庭结构是否被考虑到？是不是有些区域对女孩（或男孩）更具吸引力？

第四章　户外活动中的卷入水平

本章内容源自英国诺丁汉特伦特大学资助的一个小规模的研究项目，旨在评价户外活动经历对儿童在此类学习活动中的卷入水平可能有什么影响。本章采用个人之间讨论的形式，分享了两名幼教工作者和一名学者的观点，他们致力于为儿童提供探索自然环境的机会，并从观察儿童在环境中的卷入状况得到启发。

参与研究项目的机构定期为幼儿提供了森林学校活动。尽管森林学校提供的活动经验各不相同，一些活动可能也并不完全遵照森林学校的所有原则（Knight，2009），但指导实践和活动方法的核心精神有一些共同点。

泰勒是一名早期教育专业人员（Early Years Professional，EYP），拥有并经营着一家乡村幼儿园，为0—6岁的儿童提供服务。这座建筑坐落在开阔的乡下，这里灌木林与鸟儿一起"歌唱"。广阔的场地为孩子们提供了各种各样的游戏、探索和学习的机会，包括菜地、泥巴厨房和搭建窝棚的材料。此外，他们还去本地一所经营良好的教育中心参访，该中心由当地慈善信托机构运营，旨在为当地学校和幼教机构提供户外学习活动。在整个活动中，他们都由一名训练有素的森林学校领导者带领，泰勒本人也参加了一些森林学校的培训。

麦克米金是一名早期教育专业人员，负责市郊日间幼儿园儿童的学习与发展，为0—6岁的儿童提供服务。幼儿园处于宽敞的围墙内，里面有大树和灌木丛，远离附近的主要道路，为城市的儿童创设了一个有吸引力的户外空间。孩子们帮忙照料蔬菜，这些蔬菜供幼儿园厨师烹饪或作为零食生吃。这里有着很大的沙坑和泥巴厨房，还有一块可以停放自行车和其他大型带轮玩具的场地。此外，麦克米金每周都有一天早上带着一小群孩子乘坐公共交通工具去当地的公园开展一系列常规活动。根据孩子们目前主要的游戏和探索兴趣，他们的活动足迹遍及公园的各个区域和设施，大部分的活动在一个小林地里展开。

莫兰有在幼儿园和学校的教学经验，近来又培训早期教育方面的教师等专业人员，并为学生上"童年研究"的课，有着深厚的早期教育工作背景。在接受了"森林学校项目领导力三级证书"的培训后，莫兰设法在课程中引入一个模块，让学生能够在学历课程之外，在大学校园林地中受到经认证的森林学校教育的培训。

莫兰 这两个机构都以不同的方式利用不同的户外环境来支持和拓展儿童的游戏、学习和发展。从过去的谈话中可以了解到，这么做源于实践者个人对户外的喜好，源于他们自己有喜欢也需要在户外玩耍和学习的活泼好动的孩子，还源于他们多年来对自己机构中儿童的康宁情况和发展的观察。

这种为保证儿童户外活动所做出的努力，似乎反映了倡导儿童权利的全国性组织所表达的一些当前关切的问题和信息。"在教室外学习委员会"（Council for Learning Outside the Classroom，LOtC，2015）认为，"每个年轻人（0—19岁）无论年龄、能力或所处的环境是怎样的，都应该体验教室外面的世界，这是学习和人格发展的重要组成部分。"

"在景中学"组织（Learning through Landscapes）与一些学校合作，支持学校为儿童提供户外学习空间并日益转向保护这些空间，因为随着英国学龄儿童数量的增加，这些户外空间受到学校扩建的威胁。"英格兰游戏"组织（Play England）通过游戏日活动和日益显眼的街头游戏项目以及其他项目，"让所有儿童和青少年在整个童年时期都享有自由的游戏空间"。"全国名胜古迹信托基金会"（National Trust）以其《自然的童年》（Natural Childhood）报告（Moss，2012）为基础，倡导对"野外网络"的支持。该网络引用了研究证据，如

"超过 2/3 的小学生……有背部颈部疼痛的问题""儿童越来越习惯久坐的生活方式……这提高了他们的静息心率",以及"由于儿童缺乏维生素 D,佝偻病可能会卷土重来,而阳光是维生素 D 最好的来源",倡导为儿童提供户外活动时间,让他们重新与大自然建立联结(National Trust,2013)。

在教室外学习

这种教室外的学习有什么特殊性?

泰勒 幼儿园有一辆小型巴士,我们用它把孩子们送到 8 千米外的林地。这是"我们的"小型巴士,有我们的标识,我们的汽车座椅以及包含这五年多以来我们建立的去森林学校的特殊传统。

孩子们把自己的雨鞋篓放到小型巴士上,交给大人(大人把它们装进巴士),然后走到巴士一侧的门前,踩着台阶、拉着黄色把手爬上车,选择座位,系上安全带(如果他们能做到的话)。然后我们倒数"3、2、1"关门,尖叫!当门"砰"地关上时,我们一阵大笑。这成为仪式和传统,是我们机构的"文化",一个班会传递给下个班。

案例:旅行

旅行开始时,一个孩子建议唱一首歌,我们经常选唱的是《巴士的轮子》(The wheels on the bus)。我们唱大拖拉机的轮子、快速摩托车的轮子、小滑板车的轮子,甚至飞机着陆用的轮子。我们讨论直升机怎么没有轮子,卡车的轮子多达 12 个,如果有一个轮子爆胎,有些可以用作应急的轮子。我们讨论有两个车轮和四个车轮的车辆,还有方向盘和刹车,讨论一直持续到我们到达中心,整整 15 分钟。

唱歌跟林地一样,是森林学校之旅的重要组成部分,引发了可能不太会在室内进行的一些交谈。

麦克米金 我喜欢森林学校的理念，特别对在绿色的户外空间学习感兴趣。由于我们的机构属于城市幼儿园，因此，到一片树林里开展活动或有许多"绿色"的空间对我们来说并不容易；但我发现了本地的一个公园，除了有常见的儿童游乐场、秋千、滑梯之外，还有一片小树林。从我们机构坐公交车就能到达，它成了我们探险开始的地方！我们两个成人带着八个孩子，赶上一辆公交车，谈论公交车上的数字，以及为什么允许一些狗上车，这又引向了另一些问题（如公交车司机怎么知道何时停车？）。我们穿过一条繁忙的道路时，产生了很多可谈的话题——（人行道上指示灯）小红人"站住"，小绿人"行走"（还有"嘟嘟声"），然后走完剩下的路到公园。我们经过图书馆和警察局，所有这些地方都是很好的谈资，商店、理发店和酒吧也是！我们注意到涂鸦和垃圾，并发表了自己的观点。我们的旅程本身就是一次探险。

案例：坐错车了！

彼得感到很难应对变化。他在沟通上有点困难，词汇量有限。我跟他妈妈谈到了我们的公园之旅，以及如何有效地支持他，因为他喜欢户外活动，让他融入儿童小组对我们来说很重要。我提前给彼得看了公园的照片，也跟他解释了我们要去的地方，但没有预料到他对公交车的反应。他在第一次去公园的路上喊了一路："坐错车了！坐错车了！这不是 25 路。"他非常担忧，谁都没办法安抚他。我和他妈妈谈过后，才知道他每天都坐 25 路公交车回家，他显然能够认出这些熟悉的数字。我给彼得看了我们坐的公交车的照片，上面的数字是 58，并简单地做了解释，比如"我们今天要去公园，需要让 58 路公交车送我们去公园。妈妈晚点会接你坐 25 路回家"。和我们在一起的时间里，彼得成了我们的"巴士向导"，他能大声笑着说："不是 25 路……那是去我家的！这个 58 路……是去公园的！"

莫兰 在这里，彼得显示出莱弗斯所说的"卷入"的以下标志性表现。

> **口语表达**
>
> 儿童有时会通过自发地评论("我喜欢这个!""能再来一次吗?")明显地表现出他们正在或已经卷入到活动中,还会通过热情地描述自己正在做的事情(比如情不自禁地用语言表达自己的体验和发现等)来明显地表现出活动对他们很有吸引力。
>
> (Laevers,1994)

伍兹前面引用的罗杰斯(1983,p.20)的概念——"体验式学习"心理结构也同时发生。她写道:

它(体验式学习)具有全身心投入的特点——整个人在感觉和认知方面都投入学习活动。它是自我发动的,甚至当动力或刺激来自外部时,发现、接触、掌握和理解的感受也来自内部。它无处不在,会改变学习者的行为、态度,甚至是人格。

发现和理解其他不同的"对的巴士"这个机会,可以让彼得卷入到个性化学习中,将他的担忧转变为自发的热情,并在班级的学习共同体中扮演起专家的新角色。

这些案例证明,儿童的学习和参与从他们迈出机构的门槛开启探险旅程的那一刻就开始了。这是一种植根于文化和社区的学习,它们以机构和机构所在的社区为基地。对于小巴士上的孩子和彼得个人的表现,可以用莱弗斯提出的(Laevers,2006,p.2)卷入的概念来描述。

关键一点是,伴随着卷入而来的满足感有一个来源,即探索的内驱力——对于更好地把握现实的需要、对周遭事物和人的内在兴趣、想体验和弄明白的渴望。

达尔伯格等人(2007,p.23)进一步提出:"世界和我们对它的认知被认为是社会建构起来的；作为人类，我们都是这个过程的积极参与者……在与他人的关系中，参与创生意义，而不是寻找真理。"

幼教工作者重视与孩子们在往返某地点的旅程中的体验，他们明白"实施体验式教育，就要从当下开始"（Laevers，2000，p. 28）。计划中的游戏和学习环境是林地教育中心或当地的公园，但乘坐小型巴士的旅行或乘坐公交车路过的当地社区也为真正的卷入提供了丰富的机会，这一点不容忽视，教师应予以重视，因为它们展现出如下标志性表现。

> **能 量**
>
> 运动类的活动涉及能量，幼教工作者甚至可以将体能视为卷入的一个衡量指标。在其他活动中，大声说话（喊叫）和转瞬即逝的一些动作等身体活动也可以体现出身体的能量水平。然而，这些绝不能与发泄被压抑的能量（如某人不得不长时间保持安静）混为一谈。心理能量可以在行动所表现出的热情中变得显而易见，或者更抽象地说，显现在"努力"的表情中。
>
> （Laevers，1994）

归属感与认同感

莫兰 既然这些体验要基于所在的群体，基于机构中的学习共同体，那么如何支持那些出于某种原因对群体没有强烈归属感和认同感的儿童？

麦克米金 我们教过的所有的孩子都通过我们在公园里的活动培养了积极的态度倾向，我从没遇到过一个培养不了的孩子。对某些孩子来说，可能只是因为他有自己的步调，所以可能需要一些时间。

> **案例：阿尼娅**
>
> 在室内，阿尼娅是一个自信且很能说的独生女。她特别喜欢扮演角色、讲故事和书写，但不愿意在室外玩。在室外时，她也会选择与室内选择的活动类似的活动，如阅读、书写和角色扮演。她很晚才学会走路，每上一级台阶前，她的两只脚要挪好多步。她避开所有活蹦乱跳的游戏，对跑步、攀爬和平衡缺乏信心。她的重要他人对她运动技能的发展表示了担忧。
>
> 阿尼娅总是很喜欢乘车旅行和去机构外面，但在我们参观公园的过程中，她一直牵着教师的手，我们怎么引导她不用牵手都没用。她妈妈说她们平时很少有时间去公园。
>
> 让我们"灵机一动"的时刻是，她的重要他人把我们有次路过的一座小桥称为"公山羊格鲁夫桥"。回到机构，阿尼娅把这座桥记录为她在公园里最喜欢的东西，并告诉了妈妈。于是，我们开始在那座桥上吃零食，现在总是和阿尼娅一起到访小桥，经常在那里表演公山羊或猎熊的故事。阿尼娅非常喜欢这些活动，能够充满热情地攀爬、奔跑并保持平衡。在我们上次去公园时，她甚至给大家带路，说："大家跟我来，我是向导。"然后，她就快速地冲到桥那里。
>
> 这个过程花了一年的时间，我们给了她非常多的鼓励，现在我们看到了一个自信而充满活力的阿尼娅。

对另一些孩子来说，这是社会性发展问题，可以更快地发生。

> **案例：团队合作**
>
> 塔伊布和弗格斯是参观公园的八个孩子中年龄最小的一组。两个孩子的词汇量都很有限，其中塔伊布的母语不是英语。这两个男孩一起在幼儿园只参加了一次活动，在机构中彼此也没有互动。事实上，我们通过观察发现，弗格斯很少主动与他人互动。在我们最初几次去公园时，这两个男孩还需要在场的成人给予很多的安抚和帮助。后来，孩子们对环境熟悉了，也就更加自信了。有一次，当我们刚进大门时，弗格斯发现了一根小原木，他想把它搬走。他自己搬不动，所以求塔伊布帮忙。两个男孩相互协商合作，在我们参观公园的整个过程中，

> 轮流各自搬原木。当原木太重时，他们还会一起抬。我们听到"轮到你了""轮到我了"和"合作吧"这些话语。每次去公园，这两个男孩的友谊都不断加深，他们的词汇量也都得以增加。重要的是，这样的友谊在他们回到机构后也得到了增进。

莫兰 阿尼娅边唱"多么美好的一天！我们不害怕"（Rosen，1993），边带着同伴玩，这体现了她通过融入环境来实现个人身心发展的程度，也反映了莱弗斯的"满足感"这一标志性表现。

> **满足感**
> 具有卷入性质的活动往往会引起一种"满足感"。这种感觉的来源可能各不相同，但一定包含着"探索""把握现实""对某些刺激做出反应"。
> （Laevers，1994）

幼教工作者的能力在于对"灵机一动时刻"的敏锐觉察，识别出真实物小桥如何充当儿童的个人桥梁，帮阿尼娅建立归属感。

对于塔伊布和弗格斯来说，发展不同但同样有意义。他们轮流、合作，一起探索在任务中进行协作，也带来了"掌握"的结果。斯图尔特（Stewart，2014）认为协作是以掌握为目标的活动的共有特征，是一种在人的一生中都有价值的重要的学习策略。

罗戈夫（1990，p.199）也陈述了相似的观点，当两个男孩解决搬重原木的问题时，协同努力的潜在能力也在增强。

> 解决相似问题的人的共同卷入是产生创造力的社会背景的一部分。对话、协作和从先前的方法进一步建构，常常是将两种想法结合在一起的催化剂。如果每个思考者都没有做、解释或改进方法的需要，对话协作就根本不会发生。

莱弗斯还识别出"反应敏捷"这种卷入的标志性表现。

> **反应敏捷**
>
> 儿童很机警,容易对有趣的刺激做出反应。他们实际上会立即行动(例如在教师介绍了几种可能的活动之后),以此表达强烈的动机。他们也会对行动过程中出现的与他们有关的新刺激做出反应。

我们可以看到,男孩们在积极地展现这一标志性表现。阿尼娅、塔伊布和弗格斯在公园活动期间积极参与活动,这使他们能够发现自己在机构的群体中可以发挥参与者的作用。对幼教工作者来说,回报就是看到他们认同自己是群体的一员,把归属感带回了机构,在下次参观时又带到公园。

反思与评估

莫兰 这些对户外活动的反思如何影响了你们后续的实践?

泰勒 多年前,在我们第一次去森林学校的时候,孩子们给我上了非常重要的一课。我们沿着田地边走到那片林地。孩子们被在风中摇曳的高高的草吸引,他们在草丛中来回奔跑,并在荆棘丛中发现了一只小虫。其中,一个孩子问:"刺会不会伤到甲虫的脚?"我由于急于去林地开始我们的日程安排,因此不停地催他们:"来吧,孩子们,我们要去大本营了。我们得快点,否则我们就没有时间在树林里停留了。"长草和甲虫就这样被放弃了,但当我们回到机构反思这个过程时,我开始意识到,我需要给孩子们时间去探索和调查他们感兴趣的东西,他们需要多久就多久,而不是遵循成人的日程安排或计划。孩子们可以发现和调查他们需要查明的东西,而不是我觉得他们要做什么。所以现在,我们会慢慢来,如果我们连林地都到不了,那就顺其自然不去。

> **案例：是时候……**
>
> 活动一开始，有一个孩子走进树林时踉跄了一下。"什么把你绊了一下？""是个洞。"有个孩子说。另一个孩子说："上周这个洞还没有呢。"然后，一群孩子继续深入地讨论了一段时间，究竟是什么动物挖了这个洞，为什么要挖。他们一致认为是某种动物，一个女孩说："对獾来说，这洞太小，对老鼠来说它又太大。"最初参与讨论的三个孩子被其他事情吸引，剩下四个孩子继续讨论这个洞。"我想可能是只兔子。"一个孩子说道。"我们挖一挖怎么样，看看能不能找到它。"另一个孩子问道。他们出发去找铁锹挖兔子。两个孩子挖了一会儿，然后离开了，剩下的两个孩子在整个过程中全神贯注地挖。偶尔，会有其他孩子加入他们，但只待了一会儿就走了，剩下的两个女孩继续寻找兔子。孩子们发现了树根、甲虫、两只蜘蛛和一只蜈蚣，但没有发现蠕虫。他们发现，干泥在手上的感觉很不同，兔子比他们更会挖洞。他们学会了协商和倾听他人的观点。所有这一切都在没有任何成人干预的情况下发生了。

莫兰 可以想象，这两个孩子蹲在一起，一心想挖兔子，却发现了无数其他的东西。莱弗斯（1994）的描述如下。

专注

儿童正在把注意力缩小到他的活动范围内。只有非常强烈的刺激才能吸引并分散他的注意。

姿势

整个身体姿势也能反映出儿童是高度专注还是感到无聊，成人甚至可以从儿童的背后看出他们的（非）卷入水平。

这些孩子被认为是有能力的学习者，他们根据先前关于在地下安家的动物的知识，科学地提出了对那个洞的假设，并花时间研究和检验这一假设。一名幼教工作者通过反思意识到，他们需要提供儿童感兴趣的经验，尽管这可能并不总是成人原来计划或预期的。

泰勒 我也开始相信，孩子是最好的对自己能力的评估者。他们"知道"什么太容易或太困难，也"知道"什么时候自己准备好了尝试一些具有挑战性但又正好在他们不断增长的能力范围内的事情。我一直惊讶于所有年龄段的孩子（包括年龄最小的婴儿）推动自己迎接和克服很多巨大的挑战的能力——从学习爬行和走路，到爬树或骑自行车，再到系鞋带或创作错综复杂的绘画。孩子们有动力迎接这些挑战，这就是莱弗斯所说的"探索的内驱力"的现实体现。幼教工作者的任务就是认可儿童的努力，并在自己有能力的时候给予支持。

风险与挑战

与此密切相关的是儿童评估自身风险的能力。很多次，我都看到了孩子们走近户外区域的原木，看着年龄稍大些的孩子从一根原木走到另一根原木上。如果一个成人走近并问他们是否愿意爬上去，他们会摇头走开，不确定自己是否有能力保证安全、不受伤害。太冒险了！但随着信心的增长，他们的脚步会变得更加稳健，会一如既往地回到赛场上，去征服比赛！我们的户外区域也有一座小山，有一条隧道贯穿其中，这是儿童评估自身风险的另一个区域。他们似乎有一种与生俱来的能力，可以判断边缘在哪里以及它所固有的危险。大多数孩子都坚持走在中间，只有那些已经熟悉这座山一段时间的孩子才会冒险靠近边缘，通常是趴在地上，从边缘往下看下面的隧道。

出于对风险和挑战的考虑，我永远不会强迫孩子做他们不想做的事情——他们可能还没有做好迎接挑战的准备——但当他们决定做出第一次尝试时，我会在他们的身边。

> **案例：风险与挑战**
>
> 孩子们走向"攀爬树"，高喊着要登上"火箭"并进入太空。"攀爬树"是同一棵树的四个部分，这棵树在大风天气中倒下，被分成四个独立的树干。算上根露在地面上的树桩，最大的树桩约 1.5 米高，其他树桩稍矮些，最小的树桩大约 0.6 米高，所有树桩的直径约为 1.8 米。它们被移到彼此相距约 1 米的位置，类似于一系列表演跳跃用的围栏，难度越来越大。大多数孩子已经知道，哪些他们可以轻松攀爬，哪些要在成人的支持下才能攀爬。年龄稍大的孩子们径直走向火箭的"座舱"，轻松地跨坐在树上。
>
> 一个小女孩以前从未尝试过爬树，甚至不知道怎么开始，看起来很犹豫。"你想试试吗？"我问。她试探性地点了点头，看起来有点害怕。有人建议她抓紧树干，用脚把身体撑起来，她成功地爬上了最小的树干。她先在成人的陪同下练习，然后独自练习，大概花了 10 分钟，这时她已经掌握了这一点，并对自己的能力有了信心。她指了指下一根树干，然后又做了一遍——先是在成人的帮助下，然后独自一人做，后来就有足够的信心迎接更大的挑战，直到最后她能够加入太空之旅这个游戏。这一系列动作共花了她大约 45 分钟，她为自己感到非常骄傲，妈妈来接她时她先把这件事告诉了妈妈。

莫兰　学习对儿童和善于观察的教师来说可能就是一种冒险，但对于那些将解决地方、国家和全球层面的问题的创新者来说，承担风险是一项基本的生活技能。罗尔夫（Rolfe，2010，p. 3）表示："在安全的环境中承担风险所带来的失败的经验，可以帮助年轻人建立抵御挫折的能力，并帮助他们在未来更好地管理风险。"康纳（Connor，2013）提出，对于这些最小的孩子来说，抗逆力不是通过消极的经历形成的，而是要有"有情感意识的照料者"（Sunderland，2006；Connor，2013，p. 118）在他们需要时及时地陪伴、在近旁提供安全的环境，他们才会去进行大冒险。"尊重儿童的教育者"（Page et al.，2013，p. 5）愿意珍视并肯定那些对孩子而言非常重要的努力和成就，而且重要的是，要允许孩子慢慢来，展现出莱弗斯（1994）所说的"坚持"这一标志性表现。

> **坚持**
>
> 儿童在集中注意力时，会将全部注意和精力集中在一个点上。儿童的坚持反映在专注的时长上。卷入的儿童不会轻易放弃行动。他们希望在紧张的活动中体验到的满足感能够持续。他们也非常愿意付出必要的努力，不容易被微不足道的活动分散注意力。具有卷入性质的活动往往会持续进行（时长取决于儿童的年龄和发展水平）。

当前关切的问题

莫兰 本章开篇讨论的当前有关户外运动的问题和信息存在一些挑战。受地方政府实施的国家政策的影响，幼儿教育领域近年来发生了许多变化。英国《早期教育基础阶段》[①]（Early Years Foundation Stage，EYFS）法定评估改革体现出教育正向重发展结果的取向转变（DfE[②]，2014）。2015年后，通过幼教工作者观察和理解每个独特儿童的整体发展情况来评估并完成"早期教育基础阶段档案"（EYFS Profile）这一法定要求将变成自愿进行，取而代之的是入学准备期的基线评估：

> 从2016年入学开始，入学准备期的基线评估将是我们衡量关键阶段2[③]结束时学生进步状况的唯一衡量指标。我们将要求学校对学生在关键阶段2结束时的成绩和取得的进步负责。
>
> （DfE，2015）

---

① 针对英国0—5岁婴幼儿学习、发展与保育的标准。——译者注
② 英文全称为 Department for Education，即英国教育部。——译者注
③ 英国的教育体系分为四个"关键阶段"，其中关键阶段1包括5—7岁学生，关键阶段2包括7—11岁学生，关键阶段3包括11—14岁学生，关键阶段4包括14 16岁学生。——译者注

在英国教育部批准的六个入学预备期基线评估文件中，只有一个采用了整体的方法并参考了有效学习的特征[①]（Characteristics of Learning, DfE, 2014）和莱弗斯的康宁与卷入水平的多维评估（2006）。其他评估用的都是测试模式，通过一对一的面试情境提出预定的问题，将儿童的回答转换为得分以测评儿童的成绩和进步情况是否达到了教育部的要求。

这种凭借预先确定的结果和标准问题进行评估的做法，可能会对幼教机构和幼教工作者产生影响，他们面对应试教学的压力越来越大，因为"我们的网决定了我们捕到什么"（Eisner, 1985; Blenkin & Kelly, 1992, p. 7）。这可能导致转向更多成人主导的活动，而不是儿童主导的活动或儿童发起的游戏，甚至在幼教机构中最小的年龄班也是如此。如前几章所述，学习过程的重要性受到重视。

莱弗斯（2007, p. 61）这样定义高水平的卷入：

> 活动反映了特定的人所能达到的能力水平……卷入的人有很强的动机，但我们必须强调，这种动机的源泉是探索欲、对于理解和学习的渴望，以及勇于面对现实的动力（从字面和比喻的意义上来说），卷入必定关涉内在动机。

维果茨基（1978, p. 102）这样论述儿童的游戏："在游戏中，儿童的表现总是超出与他处在同一年龄阶段的儿童所能及的一般水平，也在他的日常行为水平之上。在游戏中，他似乎比自己高了一个头"（Vygotsky, 1978, p. 102）。爱德华兹等人（2010, p. 136）在书中的观点也呼应了这一点，即"重过程甚于结果，可以支持儿童学习和获取知识。很多人强调，重过程甚于结果是学习的重要成分，主张参与游戏的行为比游戏本身产出了什么更加重要"。

[①] 英国的《早期教育基础阶段法定框架》中描述了幼儿有效学习的3个特征：游戏和探索、主动学习以及创造性和批判性思考。——译者注

森 林 学 校

森林学校协会（Forest School Association，FSA）通过阐明以下标准，扩展了"优秀实践的六项原则"。"森林学校使用一系列以学习者为中心的过程来创建一个发展与学习共同体"：

> 森林学校采用以学习者为中心的、回应学习者的需求和兴趣的教学方法。
>
> 游戏和选择是森林学校学习过程中不可或缺的一部分。在森林学校里，人们认可游戏对儿童的学习与发展具有至关重要的作用。
>
> （FSA，nd）

每一种思想来源都显示出由儿童主导的户外森林学校模式的价值。

由儿童主导的户外森林学校模式的价值如何在实践中得到证实？

麦克米金 当我第一次考虑使用森林学校教学法时，我的想法是带孩子们去当地的森林，尽可能地遵循我研究森林学校时的一些想法（因为我没有接受过森林学校领导者方面的培训，而我们进入的森林又是一个公园，所以会受到一定的局限！）。我最初的研究表明，我们在森林里的时间是自由的、无组织的。然而，我意识到，在英国，我们的活动常常需要有一个学习目标或结果，我所在机构的领导和主办者都对我们森林旅行的目的有所质疑。他们想要看到一些有形的东西，最好是在结束时可以有一些"成果"展示给家长们！

最初，我计划了公园系列活动，有时会打印出几张纸，夹在写字板上，鼓励孩子们观察环境，比如寻找春天的迹象或者观察秋天各种颜色的树叶。孩子们一开始愿意用写字板和笔，后来就开始卷入自己的活动了。很快,写字板就被递到了成人手里,我们要么直接把写字板装起来不用了,要么试图让孩子们重新再用。我发现孩子们不需要写字板和在纸上打钩,也能注意到周围的事物。他们需要时间来发现四季更迭的神奇,需要能够共情且敏感的成人来分享这些神奇。夏天,我们走过一片草地,草地上长满了和孩子们一样高的野花,我们采集雏菊,做成雏菊项链。春天,"黏黏"的嫩芽从光秃秃的"爬藤"上萌发出来。冬天,我们住所的围栏上挂满了结霜的蜘蛛网。最令人愉快的是秋天,孩子们收集了好多七叶树果,几乎都扛不动了。我们有一棵最喜欢的树——七叶树,在一年四季中,这棵树为我们提供了做有趣的游戏所需要的所有"零部件":用于搭窝篷和烧篝火的木棍、七叶树果、黏黏的嫩芽、花和各种像"手"的颜色鲜艳的叶子。

案例:开放的态度

我感觉到了来自同事和家长的压力,他们问:"你们今天在公园做了什么?"我觉得有必要通过有计划的活动来证明我们旅行的合理性。这些活动由成人主导,是结构化的,如收集树叶、制作王冠或从树上取下"部件"做拓片。孩子们也会参加这些活动,但(我注意到)他们卷入的程度相当低,很容易被周围的环境分散注意力,他们会走开去探索这片区域或卷入其他的游戏。随着孩子们更加熟悉环境,我也更加有信心发现他们的学习,他们开始主导课程,放弃原计划的活动。有一次,在去"我们的"树林的路上,我们穿过公园的一个区域,那里有一棵大树被砍倒了,侧卧在地上,周围有几根小原木。孩子们和我讨论了它为什么会在那里,以及它是如何到那里的。整个旅行期间,我们都停留在这个区域里,孩子们在大树上攀爬和走"平衡木"。一个孩子认为,这棵被砍倒的树可以成为我们所有人的火车。两个男孩找到了小木棍,把一根大原木当作鼓一样敲,还唱着"全体上车,全体上车"。一个女孩找到一些树叶,说:"你们需要车票。"我们现在以开放的心态到访树林,而不是必须先做好活动计划。

莫兰 上面这个强调对一切可能性持开放态度的案例中，教师给了孩子们时间、空间和控制权，让树干变成孩子们的活动材料，这为我们提供了一个例证来理解莱弗斯（1994）所说的另一个标志性表现。

> **复杂性和创造性**
>
> 儿童在卷入的活动中处于最佳状态。这些活动与其能力相匹配，他们可以充分运用自己的认知能力和其他能力。因此，他们的行为绝不仅仅是应付差事。复杂性多半会涉及创造性：儿童在活动中加入个人元素，从而产生一些新的东西，其表现不可被充分预测，展示出个性。

我们可以看到与儿童的"认知能力和其他能力"相匹配的一些维度，如社会性、沟通、语言、身体、创造力和对世界的理解，都会得到相应的发展。孩子们正在展示所有有效学习的特征，并与成人和其他儿童之间进行着持续性共享思考。

信 任 儿 童

此外，上述关于个人专业发展和案例的叙述，清楚地证明了儿童有能力通过有目的的游戏活动来主导自己的学习，这些游戏活动对他们而言都是有目的的，而非成人决定哪些是有目的的、哪些是无目的的。将决策者的角色移交给儿童，需要成人对儿童有真正的信任，信任他们是有能力的、能够胜任这一角色，真正尊重儿童作为他们学习的积极领导者。

麦克米金 多年来，我带着孩子们参观我们本地公园里的树林，现在我确实靠孩子们来决定我们到那儿后做些什么。这些活动完全由儿童主导，在场的成人心中没有"结果"设想，我们就"随波逐流"。从公园回来后，孩子们用文字、图画和照片在电子书上记录他们最喜欢的活动。这本书放在那儿给所有人看，孩子们经常讨论书中各页，以及那些记录下来的活动和声音。这可以用于制订下次参访的计划，不过，当我们到达树林时，事情往往会发生变化，因为大自然可能会给我们一些奇妙的惊喜！

案例：儿童的选择

有一次，孩子们很想参访他们前一周发现的一个区域。然而，天一直下大雨，孩子们在路上的水坑里玩得非常开心，以至于其他的想法都消失了。另一次，在我们参观时，有片草地似乎在一夜之间长出了跟孩子们一样高的草和野花，参访活动就成了在草地上玩。

莫兰 这些案例又一次提供了儿童深度卷入活动的例子，在儿童"接触现实"（Laevers，2007，p.61）时，因允许他们做选择而使他们的兴趣得以维持。在这两个案例中，可以看到儿童持续的卷入和坚持，因为自然环境给探索和学习提供了新的激发物。对于成人来说看似平常或不起眼的事物——雨后的水坑、春天草地里长出的花，对孩子们来说则是具有真实可能性的现象。水坑是户外世界的例子之一，它是"一个变动不居的地方，那里总是有着变化、机会、偶然性、自发性、惊喜和兴奋，特别是当成人准备好回应可能的契机时"（White，2013，p.51）。

在草地的高花草中躲藏和迷路这种以前似乎不存在的机会，为儿童提供了可以通过多种不同的方式探索和体验的感觉经验，每一种方式都是有益的和丰富的。对一些人来说，这可能是一个积极的具象化的学习机会，因为可以在新的规模的植物环境中体验身体运动；对另一些人来说，这可能是对自然现象中奇迹和奇观的更细致的微观探索；对其他人来说，这可能是变身进入一个充满想象力的奇幻世界，罗森（Rosen，1993）的《我们要去捉狗熊》(*We're Going on a Bear Hunt*)[①]中的长波浪草在他们眼前出现了。

[①] 该书简体中文版已由河北教育出版社于2020年出版。——译者注

莫斯和皮特里（2002，p.5）反思了一项提出以下论述的早期工作：

将一个孩子视为公民，社会群体中一个拥有权利的成员……"有丰富的潜力、强大、能干"……相应地，以这样的理念来构想幼教机构……它是一种途径，使童年丰富、充实，形成儿童的文化，使儿童能够参与到一个真实的、存在各种联系和活动的世界中……以促使社会上所有的儿童被看到、被包容和积极参与。

可以这样理解，前文这些机构的户外活动安排都展现出莫斯所阐述的上述特点，教师的做法可以让儿童积极参与有意义的、完整而丰富的活动，并得到尊重儿童的教育者的支持。

激发思考的问题

★ 爱因斯坦（Einstein）曾写道："深入观察大自然，你会更好地理解一切。"那么，我们在多大程度上为孩子们提供了探索自然环境魅力的机会？

★ 思考是给予了孩子们足够的时间让他们沉浸在户外环境中，还是成人制订的计划主导着活动？

★ 在成人团队中，谁会去踩水坑玩，谁又会担心靴子沾满泥和腿被打湿呢？

★ 如果明天可以做一件事让孩子们到户外环境中，那会是什么？

第五章 教师参与在支持儿童卷入中的作用

儿童、成人和环境之间的关系是促进和维持儿童在游戏中卷入的关键。我们知道，儿童可以在任何地方自然而然地玩任何东西，因为他们天生具有探索、发现、再创造和提问的内驱力。作为教师，我们的职责是鼓励这些，并创造最适宜的机会去拓展和激励他们。正如布朗在本书第三章中所述，莱弗斯和穆恩斯（1997）在为提高卷入水平而提出的"十项行动要点"中承认成人的这一关键角色，指出要考虑教室的布局、儿童之间的关系、学习活动的计划以及成人通过"激励和丰富的干预措施"给予支持（Laevers & Moons，1997）。莱弗斯等人（1997）开发了一个"成人教育风格观察系统"，以帮助我们观察成人的风格，这为我们提供了一种工具，去研究成人在广泛的情境中回应儿童或介入的模式。这个工具围绕敏感性、激发和自主性这三个维度构建。本章将探讨教师的参与，思考为什么它是影响儿童卷入的重要因素。

有效学前教育项目（Effective Provision of Pre-School Education，EPPE）表明，当教师表现出热情并对儿童做出回应时，儿童就会取得更大的进步（Sylva et al.，2004）。2004年，当该项目发表这些研究发现时，很少有机构日常会用同伴观察这一方法，但是现在有许多工具和方法可被广泛地用于观察环境中的成人。本章将探讨成人的参与，用一系列的事件来揭示和捕捉吸引儿童卷入的互动是怎样的，提出诸如此类的问题：成人如何表现得热情？如何在旁准备随时应答？如何激发儿童思考？允许儿童在多大程度上独立活动？如何回应儿童的交流？本章还将探讨如何建立同伴观察与反思制度，使之对整个机构都有意义，并能支持个体教职工的发展。如果同伴观察这一方法可以被有效运用，那么其可以成为在机构中建立温格（1998）所说的"实践共同体"的坚实基础。

为什么成人参与很重要

思考成人参与为何重要，我们首先要来看看罗杰斯（1983）的著作。在本书第一章中，伍兹讨论了罗杰斯关于"充分发挥作用的人"的思想，以及莱弗斯如何运用这些思想来论述高度卷入的儿童，我们还可以看到罗杰斯的研究也在莱弗斯对教师风格的论述中有所体现。罗杰斯指出他所谓的"存在于促进者和学习者之间个人关系中的一系列态度品质"（Rogers，1983，p.106），并列举了以下三组态度品质：

1. 真实或真诚；
2. 珍视、接纳和信任；
3. 共情理解。

本章稍后将在讨论莱弗斯等人（1997）以及帕斯卡尔和伯特拉姆（2003）的著述时讨论这些特质。这里，让我们先考虑一下"为什么"而不是"什么"的问题：为什么与儿童互动的成人具备这些"促进性品质"（facilitative qualities）很重要？

罗杰斯（1983）引用了阿斯比和罗巴克（Aspy & Roebuck，1969）的一项研究。在该研究中，教师接受了有关促进性品质的培训，能高水平地共情、合拍和正向关注。他们发现，在教师运用这些品质时，儿童会在多方面受益，表现为更有创造性和主动性、具有高阶思维、学业成绩更好，积极的自我关注也得到提升。他们还发现，这些益处具有累积性，即儿童在教学中体验这些品质的时间越长，他们的收益就越大。

福莫西尼奥（2003）讨论了互动的重要性，并引用了大量聚焦于师幼互动的国际研究。福莫西尼奥引用菲利普斯等人（Phillips et al., 1987）的一项研究，发现3—6岁的儿童与教师进行口头互动的时间与他们在语言、认知和社交能力方面的发展、社交意愿、表现出对他人关切的能力密切相关。福莫西尼奥还讨论了霍洛韦和赖克雅尔特-埃里克森（Holloway & Reicjardt-Erickson，1998）的一项研究，该研究发现，尊重他人、敏感回应、敬业和平易近人的教师可以培养出能够解决社交问题的儿童。福莫西尼奥（2003，p. 119）在讨论许多关于教师采用指导性或惩罚性风格而导致儿童认知和合作能力较差的研究时，发展出自己的思想。她得出的结论是："这些研究表明，教师的互动风格十分重要。实际上，互动风格的影响力无论是在儿童身上……还是在教师创设的社交环境中，都能被感受到。"

西尔瓦等人（Sylva et al.，2004）在英国进行了一项纵向研究，探究了有效学前教育的特征，发现了许多与当下的讨论有关的因素。首先，学前教育的质量直接影响儿童的认知和社交/行为的发展，这些获益会延续到初等教育阶段。西尔瓦等人在2008年进行的另一项研究发现，在阅读/英语和数学成绩上，这些获益会一直延续到关键阶段2结束的时候。该研究还发现，当进入中高质量的幼儿园就读的儿童到这个年龄时，其社交/行为发展情况会有所改善。西尔瓦等人的进一步研究（Sammons et al.，2014）提供了一些证据，表明有效学前教育对16岁儿童的社交/行为发展仍然存在持续的积极影响，尽管他们也承认影响很小；但是，西尔瓦等人（2014）的确发现，学前教育质量可以用来预测儿童的普通初级中学毕业考试的总成绩和英语、数学的单科成绩，他们还能把较高质量的学前教育与高水平的自我调节联系起来。在最初的研究中，西尔瓦和她的团队（2003）发现，成人与儿童口头互动（教师鼓励持续性共享思维）的质量是最有效的学前教育实践的一个重要因素；这里，我们可以联系莱弗斯等人（1997）提出的"激发"，期盼成人"向儿童提出能激发他们思考的问题，并给他们提供能抓住他们心思的信息"，这是考察成人参与的"激发"指标。西尔瓦等人（2003，p. 4）指出，"教师与儿童之间的互动质量尤其重要，在教师表现出热情并敏感地回应儿童的个性化需求时，儿童将表现出更好的社交行为。"

这显然支持了罗杰斯早期有关"促进性教育者"所需的态度品质的思考。

总而言之，我们可以看出，有大量证据表明，成人与儿童互动的质量对他们长远的全面发展至关重要。

成人与儿童互动的核心要素

> **案例：下午茶时间……请再给点儿！**
>
> 在一个繁忙的日间托儿所里，学步儿教室里的孩子们正在吃下午茶——吐司和牛奶。孩子们围坐在没放盘子的桌子旁，直接从桌面上拿东西吃。成人站在旁边聊天，一个孩子想多要一点吐司，于是举起手，说："请再给我一点。"一个成人端起装吐司的盘子，走到桌子旁，直接把一片吐司从坐在其对面的孩子的头顶上扔向要吐司的那个孩子，孩子一把接过吐司吃了起来，她则又回来跟其他教师聊天。

这是几年前一名早期教育教研员参访托儿所时观察到的场景。案例中的儿童由成人照顾，但成人似乎对他们的需求很冷漠。那时，很多幼教机构都无法为儿童提供高质量的照护（Ofsted，1998）。在撰写最新英国教育标准局的视察报告（从2014年4月1日至2014年6月30日）时，发现在对学前教育服务的4952次全面视察中，有18%的幼教机构需要整改。不幸的是，这些数字表明，仍然有机构无法为儿童提供最好的环境，尽管我们必须承认，视察中出现的不当情况或许可归结为不会直接影响儿童学习经历的一些问题，但这确实引起了人们对当今幼教机构整体质量的担忧。

接下来，我们将探讨应当期盼幼教工作者掌握的核心要素。

在研究参与的要素时，我们将探讨帕斯卡尔和伯特拉姆的著述，他们开发了《成人参与量表》（Adult Engagement scale），被用于"有效的早期学习项目"（1997）和"婴幼儿有效的早期学习项目"（2005）。为此，他们在很大程度上借鉴了莱弗斯的体验式教育项目和成人教育风格观察表（Adult Style Observation Schedule，1997）。伯特拉姆（1996，p. 116）解释说，"有效的早期学习项目"的框架具有共生性和协商性，因为不仅成人参与的风格影响着儿童的卷入，而且儿童的卷入也影响着成人的参与。伯特拉姆仔细思考并界定了"参与"一词的含义：

> "参与"可以被定义为一组可描述成人和儿童之间教育关系的特征的个人品质。这些个人品质会影响成人激励、拓展、促进和让儿童卷入学习过程的能力。
>
> （Bertram，1996，p. 116）

帕斯卡尔和伯特拉姆（1997）描述了教师风格的三个核心要素，摘自莱弗斯等人的著述（1997）（尽管他们说的是"教师"，但开展该项目的机构较广泛，他们用这个词指任何从事儿童工作的成人）。这些要素被用于判断与儿童互动的质量，幼教工作者在卷入量表上从"完全参与"到"完全不参与"的选项中选定每个要素的分数。敏感性、激发和自主性是三个核心要素或品质，下面将依次介绍它们。

> 敏感性：是指成人对儿童的感受和情绪健康保持敏感，包括真诚、共情、敏感回应和喜爱等要素。
>
> （Pascal & Bertram，2003，p. 82）

莱弗斯等人（1997）写道：

> 敏感性可以体现为教师对儿童的基本需求（诸如儿童对安全、喜爱、关注、肯定、清楚和情感支持的需求）表达共情和理解的反应。

敏感性是早期教育实践的关键要素，没有其他哪种职业需要我们用如此开放而又专业的方式给予爱。以下案例可以帮助我们理解敏感性。

案例：早上好，弗雷亚

弗雷亚跟父母一起来到了幼儿园。教师开了门，立刻笑起来，她的脸上散发着温暖的气息，真诚地欢迎儿童和家长。她把门开大，让他们进来，说："早上好，弗雷亚，很高兴你来了，伯特（兔子）一直在等它的早餐，现在你来了，我们可以一起去喂它了。"孩子笑着跑去拿食物罐。教师和弗雷亚的父母说了几句，然后弗雷亚的父母亲吻弗雷亚，说"再见"。教师和弗雷亚去喂兔子，聊着他们当天要做的事，他们手牵着手。

上述案例展现了教师的高敏感性，表现在教师叫儿童的名字、她的面部表情和肢体语言，给儿童的感觉是他们在机构中被需要、是重要的。这位教师还意识到，与父母分离对弗雷亚来说是一件难事，于是给弗雷亚一项她感兴趣的任务以分散她对与父母分离的注意力，这反过来又在情绪健康情况通常不佳的时刻支持了她。这种对儿童需求和担心的共情，是帕斯卡尔和伯特拉姆（1997）概括出的"敏感性"的关键指标。

案例：帮帮我、帮帮我

伊登正在培养自己吃饭的技能。她努力喝着一罐酸奶，但没法从罐里刮出最后一点酸奶，试了几次后，她起身把罐子和勺子拿到妈妈面前，说"帮帮我，帮帮我"，然后把勺子和罐子递给妈妈。她妈妈拿起罐子和勺子，说："哇，都是你自己喝的啊，你真聪明，要我帮你舀出最后这一点点吗？"伊登点点头，笑了。妈妈牵着她的手挨着她坐到桌子旁，并用胳膊搂着伊登，这样她们就可以一起拿着罐子和勺子，用勺子舀完剩下的酸奶，然后递给伊登喝。

帕斯卡尔和伯特拉姆（1997）提出的敏感性的指标之一是，鼓励儿童信任他人。在上述案例中，儿童显然是在寻找一个值得信赖的成人来帮她完成她无法独立完成的任务。成人对这种信任很敏感，认可伊登前面的成就，并在敏感地帮助她的同时让他继续发展独立性。她的母亲展现出拜昂（Bion）所说的"接纳"儿童的情感交流的能力，她理解伊登提出的问题，并把这些再表达给伊登，在情感上站在伊登的一边，然后他们共同解决难题。这也是罗戈夫（1990）所说的"引导式参与"的一个例子，描述了儿童是如何通过与自己在现实生活中进行社会交往的成人相处来学习的。引导式参与很重要，因为正是通过这种人与人之间的互动和交流，儿童才从依赖走向独立。

在上述两个案例中，我们都看到了身体接触的要素，比如手牵手和用胳膊搂住孩子。身体接触对年龄较小的儿童来说非常重要，可以表达对他们的爱意。但令人非常担忧的是，许多教育机构都有禁止身体接触的规定，因为有太多备受瞩目的案件导致恐惧和诉讼文化盛行。为了有敏感性，帕斯卡尔和伯特拉姆（1997）建议我们寻找那些热情、喜爱儿童的成人。

现在，让我们来谈谈教师风格的第二个要素，即激发。

> 激发：是成人介入儿童学习过程的方式，也是这种介入的内容。
>
> （Pascal & Bertram，2003，p.82）

莱弗斯等人（1997）写道：

激发性介入是开放的推动方式，能引发儿童的一系列行动，并且影响他们卷入水平的高低。例如：引导四处游荡的儿童参加活动，提供对正在进行的活动很适宜的材料，邀请儿童相互交流，向他们提出激发其思考的问题，给他们提供可以抓住他们心思的信息。

在我们使用《成人参与量表》时，儿童要得到激发，成人就必须与儿童直接互动。我们期盼的是一种交互，在这种交互中成人激发儿童，而不是为全班儿童创设有激发性的环境，尽管这也很重要，但我们所关注的是一种能够支持儿童卷入某项任务的东西，以提高儿童的个人卷入水平，并有助于我们测评和量化。以下案例可以帮助我们探索"激发"。

> **案例：布鲁克林和降落伞**
>
> 布鲁克林刚刚来到音乐小组，在晨间活动中，起初他跟妈妈坐在一起，但他很快就不耐烦了，开始在教室里四处游荡。他不参与教师所带领的其他儿童和家长一起唱歌和做动作的活动。他的母亲好几次把他带回小组，但每次他都会站起来四处游荡。教师拿出降落伞，请布鲁克林过来抓住她身边的把手，他照做了。很快，他就主动卷入用各种方式移动降落伞的活动，因为教师鼓励他、表扬他、关注到他的努力、提出建议把降落伞抖成一个很大很大的气球，这显然让他很感兴趣，他大喊着："向上，向上！"他的卷入水平从漫无目的地不参与，猛增到热情高涨地参与，对活动表现出很高的卷入水平。

这位教师成功地让布鲁克林参与进来，做法非常简单，就是建议他握住把手，让他待在自己身边，这样她也可以对他受关注和得到支持的需求保持敏感。教师意识到布鲁克林需要比较活跃的活动，因此选了开展降落伞游戏的契机让他卷入，教师意识到这样的活动能吸引他的注意。把降落伞变成一个大气球的建议显然激发了他的兴趣，他的语言展现出了他的卷入。

在下一个案例中，我们会看到成人在介入时提出了一个激发儿童思考的问题。

> **案例：如果……，怎么办？**
>
> 阿玛瑞一直在外面的大沙池里玩耍，她找到了一块漂亮的卵石，然后把它埋起来，再把它挖出来。她的主班教师注意到了这一点，然后问了她一些有关漂亮石头的问题。阿玛瑞说，这是她的宝藏。主班教师问："如果阿玛瑞忘了把它埋在哪儿了，怎么办？"阿玛瑞想了一会儿，然后说："我会放根小棍来标记这个地方。"主班教师回应："哦，就像海盗一样，在藏宝图上标个叉叉，真是好主意。"他们聊了一会儿藏宝图。主班教师走开，又拿着一些画板和铅笔回来，说："阿玛瑞，我给你拿来了这些，不知你是否想要。"阿玛瑞回应："我会画一张海盗地图，那样我就能随时找到我的宝藏。"阿玛瑞拿起材料，开始画地图。

成人在这里提出了"如果……，怎么办？"的问题，然后又拿来了额外的材料，从而改变了阿玛瑞尽管感兴趣但对她的心智没有什么挑战的活动。在成人的介入下，阿玛瑞需要思考能帮助她记住卵石在哪儿并重新找到卵石的办法。教师带来的画板和铅笔使阿玛瑞能够传达自己的想法并进一步延伸活动。

为了提高儿童对某项活动的卷入水平而选择激发性的介入确实要谨慎，因为有时候我们的介入并不受欢迎。我们都有这样的经历，自己过去参与到某项活动中，几分钟后却发现孩子们都离开了。激发性介入的关键是时机，我们必须观察，只有当我们感到自己的提问、建议或卷入会拓展、维持或发展已经在进行的活动时，才去介入。

我们现在将转向第三个要素或维度，即自主性。

> 自主性：是指成人给予儿童试验、做判断、选择活动和表达想法的自由，还包括成人如何处理冲突、规则和行为问题。
>
> （Pascal & Bertram，2003，p.82）

莱弗斯等人（1997）写道：

　　赋予自主权不仅可以在开放的组织形式中实现，还必须在介入的层面上实施。这意味着，认可儿童的兴趣，给他们提供空间去试验，让他们决定活动怎么进行和作品何时完成，让他们参与规则的制定和冲突的解决，通过这些来尊重儿童的主动意识。

自主性包括让儿童独立地学习和发现，但这必须是在主动而非被动的互动中进行的。给儿童在环境中彻底的自由是远远不够的，我们支持自主的学习者，学习者需要的不仅仅是环境，还需要成人鼓励他们探索和试验、倾听他们提出的问题并反过来提出自己的问题、鼓励他们反思和评估自己的工作，并对自己的学习做出决策。在自主性这一要素或维度上，我们看到的那些参与行为与有效学习的特征（包括游戏和探索、主动学习、创造性和批判性思考）紧密联系（DfE，2012）。

> **案例：机器人齐普**
>
> 3岁的达西是一名经验丰富的造型制作者。在家里，她有一个宽敞的制作区，里面有像作坊里那样可自行取用的材料，包括颜料、胶水、胶带、盒子、各种拼贴材料等。无论是在幼儿园还是在家里，她都选择把时间用在制作活动上。达西最近对伊恩·怀布鲁（Ian Whybrow）的《哈利与机器人》（*Harry and the Robots*）一书和外婆家里的一个带有简单的电子游戏的电动机器人头齐普很感兴趣。达西看见妈妈扔了一个大纸箱，就问她自己能不能拿来用。她把纸箱带到自己的制作区，开始在装满盒子的桶里翻找。妈妈看见了，问她需要什么。她接受了妈妈的帮助，让妈妈去找一个比这个纸箱小而且不那么方的盒子。妈妈带着几个精选的盒子回来了，其中有个以前用于装钟的六角形扁平托盘盒。达西抓过这个盒子，说它非常适合做齐普的头，她正在制作一个叫齐普的机器人。妈妈坐在旁边看着，帮她把材料拿稳，在接到指令时剪胶带。妈妈有时会问一些有助于装配牢固的问题。比如，当胶棒粘不牢大眼睛时，妈妈会问还有什么更适合粘的东西，然后拿出一些有黏性的平头钉、绳子和包裹胶带，其中平头钉被选中了。一段时间后，达西制作好了机器人。妈妈说："它看起来很棒，

它会做什么？"有一会儿，达西很安静，看上去很严肃而且陷入了思考，然后回答说她还需要再做点事情。在接下来的几周和几个月中，齐普身上不断被添加新的部件，这使它获得了丰富的功能，例如带数字的按钮可以拨打电话、带字母的贴纸用来写消息、手可以拿东西。齐普很大，在房子里放这么长时间其实很占地方，但是达西的妈妈尊重达西持续的建构行为，在每次达西制作过程结束时，都会小心翼翼地把它放到高处。几周过去了，达西没有再对齐普做任何补充，妈妈问齐普怎么样了，达西回答说已经做完了，现在需要把它放到地下室保存。甚至在做完后的九个月里，达西还会时不时地将齐普拿出去，给它添加或去掉一些部件。

在上述案例中，我们看到妈妈用各种方式支持达西的建构，比如允许达西完全自由地使用资源，提供额外的材料来支持她决定选用什么，也允许她进行探索和尝试考虑其他的功能，还允许达西决定齐普的制作何时结束，并同意保存它，这样就让达西可以做出自己的判断并反思机器人的进展。所有这些都是积极支持达西自主性的一系列互动。

案例：我有那个！

在学前班，教师给孩子们读了伦达和戴维·阿米蒂奇（Ronda & David Armitage）的《灯塔守护者的午餐》（*The Lighthouse Keeper's Lunch*）这个故事，然后交给他们一个任务——设计和制作一个装置，可以把午餐送到灯塔且不让海鸥吃掉食物。他们在班级助理的支持下结对完成任务。乔希和麦迪逊把一些布绑到篮子上，在附近做装置的乔西-梅和路易斯捡起布，准备从上面剪一段。"嗨！那是我们的！"乔希喊道，抢回布料，把剪刀弄飞了。班级助理格林小姐过来问出什么问题了，他们都立即抢着说话，乔西-梅哭了起来。格林小姐拉起乔西-梅的手，要求四个人都先不要说了，然后她请乔希先做解释。她告诉他们，每个人轮流说。听每个人轮流说完后，她问："接下来我们应该怎么做？"然后就等着。路易斯说，也许他和乔西-梅可以从盒子里另找一些布料，乔西-梅又哭了起来，她想要的是蓝色的布。麦迪逊说可以把自己的布分给他们一条，然后帮他们再找一块蓝色布料。似乎所有人接受了这个提议，格林小姐称赞了他们的分享，然后他们都离开，去布料盒子里找布。

在上述案例中，格林小姐本可以简单、快速地坚持要求几个孩子立即分享布料，回去做设计，但她赋予儿童自主权，给每个孩子时间从各自的角度进行解释，然后不对事情下任何判断，只问了这样的问题："接下来我们应该怎么做？"这鼓励儿童寻找解决方案并进行协商，他们同时还对乔西-梅做了敏感回应。格林小姐也展现出敏感性，她拉住乔西-梅的手，让她安心并冷静下来。自主性对于鼓励儿童协商和解决冲突非常重要，通过教儿童彼此倾听并一起想出解决方案，成人将教会他们在不需要依赖成人帮忙的情况下处理难题。将来，这会有助于他们在不用成人帮助的情况下就能解决冲突，从而学会自主。

正如我们在这些案例中看到的那样，三个维度常常一起运用，有时根据情况，一种风格会比其他风格更合适。例如，在"案例：布鲁克林和降落伞"中，我们看到成人运用敏感性和激发，但如果用自主性就是不恰当的。可以说，教师几乎没给布鲁克林什么机会自主试验玩降落伞，因为教师非常明确地建议他如何移动降落伞。那个时候给他有限的自主权并没有错，我们不应该期望在量表所有的要素上总是给教师评高分。莱弗斯等人（1997）建议，在使用"成人教育风格观察系统"时，我们要看教师的介入是怎样随活动的性质以及儿童的情况而变化的，要看一种共生的交流（Bertram，1996）。

幼教机构中的同伴观察

在本节，我们将讨论如何在机构中运用同伴观察，以及将其引入整个机构和个体教师工作的好处。许多机构认可儿童、成人和环境之间的三角关系很重要，使用反思性实践的方法不仅需要考虑儿童学些什么，还要考虑儿童怎么学、环境如何支持他们学习，以及机构中的成人如何支架和激励儿童的学习过程。过去，许多地方教育局支持教育机构努力以质量保障计划作为其工作有效性的标志，提高其实践质量，并举证说明他们致力于为其服务的儿童和家庭提供了这些优质的服务。穆尼（Mooney，2007，p. 5）写道：

> 在"国家儿童保育战略"（National Childcare Strategy）出台之后，英格兰强调提高早期教育与保育的质量，全国性的专业组织和地方教育局都热衷于将质量保障计划作为提高标准的手段。

作为"投资儿童评奖"（Investors in Children）认证的一部分，质量保障计划必须符合一套标准，同伴观察是质量保障计划获得批准的标准之一。

> 支持提供者对从事儿童工作的教师进行系统观察，是评估为儿童提供的学习经验质量的重要因素。质量保障计划应该包括有助于服务提供者在机构中探查成人与儿童之间互动质量的材料，并鼓励他们反思和评价自己的实践。

（DfES，2002，p. 8）

许多幼教机构最初只是把同伴观察作为质量保障计划的一部分引入，后来将其作为嵌入其实践的一个要素，因为他们发现同伴观察是一个有力的工具，不仅可以改善个人的实践，还可以从整体上改善服务。

帕斯卡尔和伯特拉姆（2003）在评价"有效的早期学习项目"的有效性时发现，在评价和改进的过程中，成人在"参与"的所有三个要素——敏感性、激发和自主性——方面都有所提高。实施"有效的早期学习项目"的机构继续将其用作持续反思和改进循环过程的一部分。有关同伴观察的培训也受到很多机构的重视，帕斯卡尔和伯特拉姆（2003，p. 90）发现，"所有类型机构的教师经过培训后都有进步，其中教师资质较差的机构进步最大。"下面这个案例是一位管理者的反思，作为"有效的早期学习项目"和"婴幼儿有效的早期学习项目"的一部分，她的机构采用了同伴观察。

> **案例：我们非得这么做吗？**
>
> 作为我们正在开展的"有效的早期学习项目"和"婴幼儿有效的早期学习项目"的一部分，助手和我一直在进行同伴观察的培训。在一次会议上，我们跟教师们讨论了这件事。他们都很担心，一位教师问是不是"必须"做这件事。我们倾听了他们的担忧，努力探讨这些问题。接着，我们用"有效的早期学习项目"和"婴幼儿有效的早期学习项目"的视频片段进行了培训，然后集体试了试，他们喜欢这样做，因为视频拍的不是他们自己，这很安全。我们在项目中观察儿童的同时，也观察了成人。那天结束时，我们告诉他们我们所做的一切，并给了他们所有的观察结果。他们都对自己的结果感到非常满意，那些观察表明他们的参与度很高。从那以后，他们都开始进行这些观察。项目结束后，我们整个团队讨论了这个过程，他们都想继续进行同伴观察，因为他们喜欢，他们发现自己从观察他人中学到了很多，也喜欢互相支持，所以我们将同伴观察纳入了我们的监督和考评体系。

由"英国国家战略"（National Strategies）资助的聚焦于"通过领导力提高质量"（Developing Quality through Leadership）的项目于2007年发布了报告，记录了引入同伴观察的六个机构的进步。这些机构都接受了反思性实践和同伴观察方面的培训，资深教师必须将这些培训带回自己的团队，还鼓励这些机构为观察安排时间和充足的师生比，确保机构的运作达到标准。引入同伴观察制度产生的影响非常有利，六个机构都继续在其实践中做这件事；还有记录说，观察的结果是教育供给得到了发展，而这个项目起了"改革催化剂"的作用。领导者、教师、儿童和家长都有明显的发展和进步，其中对教师的影响特别有价值。

- 他们感到被赋能并受到鼓舞：每个人的贡献都被重视。
- 他们感到更强的归属感，对机构中的事务有了更多的主人翁意识。
- 通过改善团队合作，他们有了更好的沟通。

- 他们信心更足，尤其是在计划和理解下一步为儿童做些什么时。
- 他们的观察能力有所提高。
- 由于更大的授权，他们发展了领导能力："天生的领导者"已经出现。
- 教师对培训和专业发展表现出更大的兴趣。
- 他们更多地卷入对自己工作的评价中。
- 他们的读写能力提高了。

（National Strategies，2007）

这些是教师取得的一些有效发展，不仅个人受益，而且机构中的所有人都受益。上述案例和英国国家战略项目中教职工的这些感受和发展，显现出一种有效的"实践共同体"。温格将"实践共同体"定义为"对所做的事情有共同的关注或激情并定期互动、学习如何把事情做得更好的一群人"。温格（1998）讨论了人们如何在组织中有所作为；在幼教机构中的确就是这样，体验的质量取决于在那里工作的人。温格（1998，p.253）解释说，正因为我们在共同体中不断学习，才能够有所作为，为机构的发展做出贡献：

> 我们付出大量的时间和精力去学习，就是要能够加入我们所认同的共同体。当我们深深地浸润在共同体的身份中时，我们才能做得最好，也就是说，当我们能够为影响共同体的发展做出贡献时，才能被定义为认知者。

作为个体和实践共同体成员的教师的发展，还有我们所了解的对儿童全面发展的长远益处，都给我们在机构中使用同伴观察系统提供了明确的理由。下一节，我们将思考如何在机构中发展同伴观察系统。

在机构中发展同伴观察系统

在本节中,我们将探讨在以下五个明确的阶段引入同伴观察。

1. 事先就采用的程序和形式这一问题进行讨论并做出决定。
2. 对整个团队进行培训。
3. 进行观察。
4. 观察后给予反馈,以支持个体发展。
5. 在整个机构的层面反思所做的观察,并评价这一过程。

事先就采用的程序和形式这一问题进行讨论并做出决定

- 在建立同伴观察系统时,首先需要让教师明确:我们为什么要做同伴观察,为什么这对我们很重要,我们希望从中获得什么。最好全体团队成员一起讨论,让每个人都能听到相关信息并提问。

- 下一步是考虑选择可以在你们的机构中用于探究和评估的设计与方法。有很多种设计可供选择,但你们需要考虑哪种设计适合自己所在的机构;避免过于复杂的设计,才更有可能实施。最好的设计是由教师团队做出的,所以可以浏览多种系统和计划,从中挑出你们喜欢的部分。那些有提示的或明确的判断标准的设计(如"成人教育风格观察系统"或"有效的早期学习项目模型")会帮助教师发展,并确保判断的一致性和严谨性。同样重要的是,要考虑观察的时长:在一个时间段里观察3次,每次2分钟,或是在一个时间段里观察5分钟。

- 许多机构还运用预观察表,观察者和被观察者可以借助它进行讨论,对他们希望在哪个情境里进行观察达成一致。例如,教师可能希望在讲故事时被观察,因为觉得这是他们努力的领域,或者是他们可以进一步发展的实践元素。

- 教师们可能希望结对开始这一过程。但是,友情提醒:选择与你尊重并欣赏其实践的人结对，可能会比选择与你关系最好但很难坦诚地指出你的问题的朋友更有帮助。
- 作为一个团队，你们还需要决定如何处理所做的观察记录：是保存在教师档案中，还是用作考评依据。

对整个团队进行培训

- 一旦有了满意的设计，你们就需要培训教职工使用该系统。
- 最好观看一些儿童与成人交流的案例视频，然后分组练习，每位教师单独填写观察表，然后再讨论和商定这些判断。
- 判断需要在整个团队中达成一致，可能需要多次培训才能确保教师所做判断的一致性和严谨性。
- 在使用过通用的视频片段之后，你们可能会有足够的信心拍摄自己的视频，然后整个团队用这些视频一起练习。这可能更有意义，因为你们对儿童和情景都有深入的了解，能更好地参加讨论。
- 这时要进行反馈方面的培训，通过教师的角色扮演、给予与接受反馈等途径来练习反馈。在角色扮演之后，可以鼓励教师讨论给予和接受反馈时的感受。有些教师在这方面可能需要额外的支持，对于一些结对观察与反馈的环节，可能有必要让其他教师一起参加，以确保提供具有支持性的、专业的高质量反馈。

进行观察

- 如果全体教师对同伴观察的设计和运用感到满意，那么园所就应该及时计划观察。应该在计划表上记录要让哪些教师从带班中脱身以便开展观察，可能还需要配备额外资源，以确保师幼比和机构的运作不会受到影响。
- 在观察时，教师应该诚实地记录自己的所见所闻。
- 观察结束后，教师还应该花一些时间检查自己是否捕捉到了所有信息并根据所选的标准考虑自己如何做出判断。

观察后给予反馈，以支持个体发展

- 计划腾出一些时间，让两位教师同时讨论观察的结果，而且要尽可能在观察后及时进行，因为这时他们仍记忆犹新。要记住，等待反馈可能会造成不必要的焦虑。
- 应询问被观察者对观察过程的感受，并给他们时间对自己的实践进行自我评价。
- 观察需要诚实和开放。
- 在给予反馈时，重点是鼓励积极的方面、明确发展的要点，还要为需要改进的地方排出先后顺序。
- 应始终保密反馈的内容，不将观察结果公之于众。
- 反馈应是专业的且具有支持性。
- 观察和反馈应有助于同事之间建立积极的工作关系。例如，在观看了一位教师的讲故事活动之后，你可以建议他看看另一位非常擅长讲故事和戏剧表演的教师开展的活动。
- 在反馈后应提供促进专业发展的机会。例如，如果发现教师在户外游戏中指导过度，也许可以让他们去其他鼓励儿童在户外环境中冒险的机构看看。

在整个机构的层面反思所做的观察，并评价这一过程

- 观察以后，管理团队应考虑整体情况，并自问这对你们的实践有什么启示。例如，如果儿童的敏感性很高但自主性很低，你们就可能需要围绕培养儿童的自主性对教师进行一些培训，或者细想一下你们是否提供了过多成人主导的活动。也许你们过于关注学习成果，以至于让教师觉得他们必须让儿童创作出可以带回家或在书本中呈现的作品，却没给儿童多少机会进行探索和游戏。
- 管理团队还应确保每个人的培训需求都得到支持，以确保机构中的教职工感到他们的发展得到了支持，同伴观察的过程对他们有益。请记住，培训不一定意味着去上一门课，也可以是在机构中

观察某人，或者阅读一篇论文或看一段视频，然后与同事一起讨论，也可以是参访另一个机构。
- 整个团队应该坐在一起反思这个过程。给教师提供一份评估表，填写他们在此过程中的发现，可能也会有所帮助。管理团队应该对这些评价加以反思。
- 最后，应在考虑上述评价的所有因素的基础上，决定你们如何继续进行同伴观察。

本章为探究成人的参与和开展同伴观察提供了明确的理由。我们已经说明，机构中具有敏感性、可以激发儿童卷入活动并给儿童自主权的教师，会给儿童的全面发展带来长远的益处。我们也探讨了参与同伴观察对教师个人和集体的影响，并就如何在机构中建立实际的同伴观察系统给出了明确的指导。以下这些激发思考的问题可以帮助你仔细思考本章内容，也可以用来与其他教师一起开启有关成人参与和同伴观察的讨论。

激发思考的问题

★ 你从哪些同事的身上学到的最多？你从他们那里学到了什么？他们有什么品质？你如何运用学到的知识？

★ 回想一下，你之前看到过的儿童真正投入地与一个成人一起活动时，当时那个成人做了什么？在描述成人的参与时，考虑一下敏感性、激发和自主性等品质。

★ 想想你所在的机构，想一下你最想改变的成人与儿童互动的方式。你可以怎么改变？

★ 与同事一起讨论成人卷入水平，与他们分享在"通过领导力提高质量"项目中的一系列发现。他们觉得自己在机构中有发言权吗？哪些事让他们觉得自己在机构中被赋能和受到鼓舞？

★ 花点时间想一想你期待什么样的幼教机构，你觉得怎样才算是有质量的机构？写下你眼中高质量的机构的五个关键要素。你先单独写，然后分享你列出的内容；你们整个团队能归纳出"优质机构的五个要素"吗？其中哪些与教职工的素质有关？

★ 如果你想让家长想一想他们眼中"优质机构的五个要素"，你觉得他们列出的内容与你的会有哪些不同？给家长发一份问卷，了解他们对机构的期望是怎样的，以及希望照顾儿童的教职工是什么样的。

★ 问问儿童，他们喜欢教师的哪些方面？真正的好老师/重要他人有什么品质？儿童是怎么想的？他们希望照料他们的人员怎么做？

★ 如果你要把同伴观察引入自己所在的机构中，你个人会在这个过程中收获什么？

★ 如果你要把同伴观察引入自己所在的机构中，机构会在哪些方面受益？在引入同伴观察时，你们遇到的障碍是什么？你将如何克服这些障碍？

第六章 关注卷入水平

将康宁和卷入融入幼儿园实践

本章详细讲述了一个幼教机构建立和发展家园合作路径的历程。这个历程可能适用于任何一个努力试图改善当地社区里家庭实践的幼教机构的工作团队，突出体现了机构在微观层面与每个家庭合作的回报和挑战，以及与影响地方实践的那些国家层面更宏观的实践和政策之间的动态相互作用。

作为儿童中心的工作人员，我们对儿童卷入和康宁的兴趣源于我们对提供高质量的教育供给的渴望，在这里，父母不仅可以理解和参与孩子的学习，还可以了解自己的康宁水平如何对孩子的敏感性和卷入水平产生短期和长期的影响。在新建成的二期儿童中心里，我们聘用了具有多种专业背景的工作人员，包括儿童保育、家庭支持、游戏支持和健康维护等。团队领导者有必要建立一种大家都认同的理念，包含两大期望：第一个是基于当时《每一个孩子都很重要》（Every Child Matters，2003）规定的发展结果来提供儿童中心的核心服务；第二个是能满足我们这个社区里儿童和家庭的独特需求。我们的理念体现了联合国儿童基金会（2007）的以下声明：

> 衡量一个国家地位的真正标准是它在关照本国儿童上做得如何——关心他们的健康和安全、母亲的安全、他们的教育和社

会化，以及他们是否感受到被爱、被他们的家庭与社会珍视和接纳。

当我们的团队努力建立一个全纳和包容的环境时，我们对儿童所持的整体发展观就是以上述观点为背景，这正是关心成人的康宁和动机如何影响儿童的卷入和康宁的反思型实践者的典型特征。正如一名团队成员所表达的那样："无论孩子和我们在一起，还是不在我们身边，我们都很关注他们的康宁情况。"我们还试图将关键的英国《早期教育基础阶段》的原则纳入我们机构的工作中，同时铭记"良好的父母教养方式和高质量的早期学习共同为儿童奠定了在成长过程中充分发挥其能力和天赋所需要的基础"（DfE，2014）。现在事后反思，伯格姆（Bergum，2003）提出的关系教学模式最能体现我们在思考儿童的学习与发展时为回应帮家长与教师建立联系的需求所持的那种取向。我们觉得自己很深地卷入了倾听以及为儿童、家长、幼教工作者和社区建立联系。教学领导力需要让每个人都参与学习过程，我们在建设一个新学习场所时对机构、社区以及各方之间关系的看法必然反映了我们的儿童观。"分布式领导力将领导力界定为人们与其所处情境之间的互动，而不是将其视为领导者个人知识和能力的产物"（Spillane，2005，p. 143）。教师团队的学习和发展与儿童和家长的学习及成长同时进行，我们采取的这种学习观贯穿儿童中心的所有活动和环境。帕帕塞奥佐鲁和莫伊勒斯（Papatheodorou & Moyles，2009）关于在社区各机构内追求包容性和对话性关系的讨论，也赞成类似的取向。

我们的服务以家庭为重心，非常强调婴儿期、产前和产后的依恋关系和康宁。核心服务本就要求我们支持家庭教养，地方当局在这时又热衷于在全县推广基于"索利哈尔育儿法"①（Solihull Parenting Approach, Douglas & Ginty, 2001）的家庭教养方法。所有教职工都接受了这种方法的培训；儿童中心的所有服务项目，无论是婴儿班、全日托和游戏班、青少年父母小组、产前课程班还是成人学习班，都将运用这套整体实践方法。

我们实践的核心是，非常注意成人和儿童之间的"互惠之舞"（Brazelton et al., 1974），建立了"临场回应"的行动模式（Gerhardt, 2004），并将其嵌入儿童中心的所有工作和活动中。管理视角下的互惠的核心地位体现在团队成员、合作伙伴和家长之间的对话中以及与儿童之间的对话中，儿童中心在发展初期就鼓励这种对话。教学领导力接纳期望和对各种可能性的开放心态（Woods, 2013），这意味着儿童中心建立在高质量关系的基础之上，认可沟通对于支持和管理变革以及满足期望的重要性。

如此，儿童中心在发展初期就成为这样一个场所：在儿童游戏并与所提供的环境互动时，支持家长成为观察者，同时教师在计划儿童的学习与发展时让家长也参与进来。我们赞成这样一种观点，即"婴儿通过玩他们在世界中发现的东西来学习，最重要的是跟爱他们的熟人一起从游戏中学习"（DfES, 2003, p. 150）。从婴儿推拿到启发式游戏活动，教师示范并支持父母"读懂"婴儿，跟随婴儿的引导，根据婴儿的回应来调整自己的语言、眼神和"语调"。涵容和互惠（Douglas & Ginty,

---

① 来自索利哈尔方法育儿团体，主张"理解孩子的行为"（Douglas, 2006），旨在提升父母的康宁水平以及帮助处于常见的中等复杂困难情况的孩子。它在全英国被广泛运用，并在国际上也受到越来越多的关注。该项目基于"索利哈尔"取向模型（Douglas, 2012），这个模型认为亲子关系中的涵容［即支持孩子处理情绪，让自己冷静下来，重新获得思考的能力（Bion, 1959）］有助于发展互惠性［与孩子的情绪以及发展保持同频（Brazelton et al., 1974）］，也有助于促进敏感的、有效的行为管理（对个人和情境合适的一致的边界）。作为团体内的一个平行过程，父母被给予涵容的经验以减少自己的焦虑对思考能力的影响，使他们能够反思孩子行为的意义。索利哈尔是英国伦敦西北部的一个城市。——译者注

2001），为我们提供了一个用于规划、实施和反思儿童中心的所有活动的视角。我们对涵容的理解基于拜昂（Bion，1959）的研究，具体是指一个有洞察力、理解力和自我效能感的成人，能识别并关注让儿童感到焦虑的事，并通过适当的、令人安心的回应来接纳焦虑，看到儿童的压力但又不强化这种压力。

一种管理的视角

至关重要的是，从接待员和信息员到幼教工作者和家庭支持工作者等所有工作人员都共享这种观念，以这种观念为指导规划儿童中心的教师培训与视导。对于建立一个咨询委员会团队，让合作伙伴、教职工和家长都有所贡献，以专业和换位的方式倾听各方观点，珍视所有人的贡献，这种观念也很重要。我们召集了一群敏感而有目标的成人，让他们卷入到我们儿童中心发展的旅程中。

"有效的幼儿教育实践需要具备渊博的知识、能力和理解力的敬业、热忱且乐于反思的实践者"（DfES，2005，p.3），我们团队在建立儿童中心及其核心观念的过程中，管理和教学领导力工作的一部分就是加强培训并且开发能促进这种基于关系的工作形态不断发展的体系。

很明显，对员工康宁的支持是在团队内部发展自我意识和正念的关键。我们与"英国国家医疗服务体系"（National Health Service）心理健康方面的工作者合作开展了教职工支持和培训工作，并针对产后抑郁和情绪低落的家长提供支持服务。这里需要纳入考虑的一个重要因素是，在支持具有不同背景的教职工时，需要在新环境中改变角色和观念。哈里斯（Harris，2004，p.402）探讨了成功实施变革所需的情感或"内心"条件，她指出，信任的氛围……对于培养积极的参与感和主人翁精神至关重要，对教职工和家长都是如此。在创建和领导一个幼教机构时，将我们对学习和发展的理解与我们如何领导机构中的成人这二者对应关联起来是至关重要的。安德鲁斯（Andrews，2010，p. 45）把这描述为"基于教学法对成人加以领导"，他指出，如果机构对教职工来说是一个有安全感的场所，那么它也就是一个儿童可以在其中不断发展的安全场所。这呼应了沃德尔和维斯蒂（2014）对新西兰草席教育大纲（1996）的探讨，在该课程中，康宁被囊括到"信任的人际关系"这一概念中。儿童中心在发展的过程中，团队内部及团队与合作伙伴之间的信任是一个要优先考虑的事项。

从管理的视角看，创建家长小组时，一个重要的举措是把给幼教工作者反思的时间（不挪作他用）"嵌入"小组实施的计划中，成为其组成部分。每次活动后，都给教职工一段时间一起反思。关键是，集体反思活动不仅包括主持家长小组活动的教职工，还包括婴儿班的教师。我们能够关注到婴儿班里孩子的"情绪稳定"状况，并与父母的情绪和焦虑水平建立联系。

现场视导是促进教职工发展的另一个重要方面。为教职工提供定期反思和接受辅导的"安全基地"，我们认为这是支持教职工韧性、自立自强的品格和人格发展的一种方式，就像为儿童提供"安全基地"能支持他们探索周遭事物一样。莱弗斯（2002）将儿童的卷入水平视为深度学习的一个标志，而这与在整个环境中的康宁感受相连，通过支持教职工的安全感，就很有希望提升他们的创造力、动机，使他们专注地工作。安德鲁斯（2010，p. 53）结合英国《早期教育基础阶段》的原则也表达了这一观点，展示了如何利用这些主题来引领团队以及计划儿童的发展成果。因此，作为管理者，如果我们接受"人们是在安全关系的基础上学习坚强和独立的"（同上），我们就需要支持教职工的康宁。作为这种视导的一部分，我们委托一名"英国国家医疗服务体系"心理健康方面的工作者为教职工提供正念培训，还为我们的团队（包括团队领导）提供一对一的视导。这种视导和培训为我们提供了机会思考成人的正念如何反映到对儿童工作的深度卷入中，教职工能够体验到完全不分心的专注，这使他们能在实践中充满能量、创造力并进行深度学习。

与家长合作的旅程

在遇到莱弗斯的著作之前，我们早期在儿童中心创建的一个小组就已经体现了我们的卷入取向的萌芽，那就是启发式游戏小组。在这里，父母得到"许可"，受到支持和鼓励去观察他们的孩子对所提供的资源的回应。孩子们可以自由探索，以自己的方式玩各种物品，父母可以"先靠边站会儿"，这与马拉古齐（Edwards et al., 1998）的建议一致。这些活动支持家长对孩子的各种内外需求进行回应，回过头来反思，可能会看到我们对莱弗斯的研究的兴趣从这时就开始发展了。

> **案例（与教职工）（1）**
>
> 与参与儿童中心早期实践的教师的回顾性讨论，显示出一些思路开始发展：引导父母支持孩子的学习和卷入开始成为我们思考和计划的一部分。一名幼教专业人士反思道："父母真的对孩子的学习感兴趣吗？还是只把儿童中心视为一个安全的游戏场所？"我们意识到，一旦孩子长大走出婴儿期，父母对自己能力的感知有时会很差，而且会有一种"等待"正规教育开始的感觉，很多父母都表达了这样的观点：孩子在家"很无聊""准备上幼儿园了"。我们认识到，"教师需要对儿童主导的活动与成人主导或引导的活动之间是否平衡做出判断"（DfE，2014）。我们反思了如何让环境成为一个有合理的活动区和充满社会化机会的有益空间，还有，怎样慢慢地引导家长更深入地参与孩子的学习，比如"跟他们分享我们的观察，建议小的思考要点，在显示屏上呈现信息并表现我们取向的一贯性"。我们中心鼓励家长允许孩子探索，在班级宣传单中强调：孩子可能会把东西弄乱，这无关紧要！"我们还努力打破家长对'留下玩会儿'活动的刻板印象，不是让家长坐着喝茶，孩子们想干什么就干什么。但我们仍然希望环境让人感觉受到欢迎且是非评判性的，我们也在'干预'和参与之间寻求平衡。我们想向家长表明，观看孩子游戏是可以的。"这显然是通过启发式游戏活动发展起来

> 的，让孩子们可以探索自己感兴趣的材料，鼓励家长不要指导孩子的游戏，而是观察孩子，让游戏在没有成人主导的情况下发展，自然而然地结束。
>
> 教师回忆说："父母让我们再来一次！他们对孩子的学习态度变得开放多了，还谈及他们是如何回应孩子的兴趣和卷入的。"

我们希望父母能够体验这样一种环境，其中游戏被视为目的，对孩子来说是有意义的事（Te Whāriki，1996）。从管理的视角看，培养既能理解孩子又能理解父母的知识渊博的教职工团队是至关重要的，他们能举办开放式的"全体"活动，也能支持计划和领导以家庭教养为重心的小组，并能使父母接触这些小组。人们期望幼教机构的核心服务在儿童保育、早期教育和家庭支持之间保持平衡，这具有挑战性，但关系教学模式（Bergum，2003）是这一整体服务得以发展和成形的基本架构。特别重要的是，要考虑到幼教工作者的卷入和康宁水平会影响我们所接触的儿童和家长的康宁水平。布拉德福德（Bradford，2012）引用了沃尔什和加德纳（2005）的研究成果，成人的动机水平对儿童的卷入有显著的影响。因为我们知道成人的动机和儿童的卷入水平之间有明确的相关性，所以我们在自己的语言、沟通、计划和视导上下功夫，以促成一种让教职工也感到被接纳的有效环境。

此时，我们儿童中心的教职工们还参与了英国北安普敦郡婴儿班项目（Northamptonshire Baby Room Project）。在培训和与高度专业化的人员的对话中，我们得到了强有力的支持，认识到"婴儿通常不会作为一个放松、满足的小个体来到这个世界。他们有着不安和强烈的感受，常与身体感觉相关，需要父母帮助处理"（Solihull Approach resource pack[①]，2006）。我们开始认识到并帮助父母认识到孩子有强烈的情绪和体验，并接受与自己的孩子"同频共振"的重要性，以便支持他们的康

---

① 即索利哈尔方法资源包。——译者注

宁。我们特别创设了一个环境，让父母和幼教工作者能对婴儿的低卷入水平或康宁情况敏感地做出回应，也分享了他们对孩子高卷入水平的行为的好奇。通过参与"婴儿班"课程培训和向儿童中心的家长开展婴儿班活动，我们密切地观察婴儿的兴趣。作为幼教工作者，我们还观察到父母和婴儿之间高水平的持续性共享思维（Sylva et al.，2004）。当从热忱、有反思精神和洞察力的专业人员那里了解到婴儿大脑的发育时，我们感到着迷和惊讶，这反映在整个中心展示的展品、照片和"思考要点"上，包括厕所门背后。在这个项目中，所有参与婴儿班项目的人在开放性和接受度上明显有康宁的标志性表现（Laevers，2002）。

使用有关康宁和卷入的鲁汶量表

在我们儿童中心的旁边，一个邻近的儿童中心的教师团队已经通过使用有关康宁和卷入的鲁汶量表（Laevers，1994），把他们的方法用于对儿童及其家庭的支持。教职工在工作中采用这种方法时，也确定了类似的主题，将量表和其中的概念作为工具，以支持他们理解和评估儿童的学习与发展。值得注意的是，就儿童中心有关家庭支持的职责而言，教师与家长一起观察儿童作为对整个家庭的干预措施的一部分，会使家长以一种新的方式理解孩子的行为。这种理解被串联起来，支持家长和教师识别儿童游戏中的图式和模式（Arnold，2003）。

案例（与教职工）（2）

一名幼教工作者说，儿童中心的某个小组中的家长对孩子的行为感到沮丧，她"纠结地看着自己的孩子专注地将机构玩具篮中的那些材料倾倒出来"。如果把这种行为置于拆分图式的背景下解读，那么家长就能够从完全不同的视角看待孩子的行为。该幼教工作者描述了中心的工作人员如何通过使用鲁汶量表帮助家长了解孩子的学习过程，支持家长提供一个有助于孩子康宁和回应孩子卷入水平的包容性环境。

> 与家长分享知识，让我感觉很棒，也增强了我作为一名幼教工作者的信心。我已经看到，通过识别和评估儿童的康宁水平，我们就能够赋能家长，帮助他们了解自己的康宁情况及其对家庭的影响。我们将孩子的情绪与他们的游戏和行为建立关联，帮助家长发展激励性的行为，而不是让孩子受挫的行为。卷入是很难量化和解释的，但家长一旦掌握了它，就可以看到它，它能真正改变家长和孩子之间的关系。我们向家长表明，卷入需要精力和全神贯注，这会导致疲劳和外显的行为困难。我们鼓励家长与自己的感受建立连接，设身处地地理解孩子。在儿童中心，了解康宁和卷入水平已成为日常实践的组成部分，我以前却没有对此进行更深入的思考。

对康宁和卷入水平的观察与评估，显然受到了热诚的幼教工作者的欢迎，他们意识到他们面前的孩子不能只靠自己。通过儿童中心对家庭支持和家长育儿的双重关注，我们开始理解卷入水平与敏感回应之间的微妙互动，以及回应对情绪、行为和互动的影响（Manning-Morton，2014）。我们认为，我们的作用是支持家长发现和回应孩子的自我表达，识别孩子的卷入，珍视游戏的过程，并给这个过程"添加文字说明"，将其写在儿童中心的"学习旅程"中，家长在教师的帮助下完成这个"学习旅程"。正如布拉德福德（2012，p.43）所述：

> 幼教领域中……团队是指共同努力实现组织目标的一群人……因此，在幼教领域工作的专业人员需要熟练地进行协作并理解协作实践的本质……幼教工作以人为基础，高度依赖人与人之间的关系和共享的价值观。

我们在中心的计划中实施英国《早期教育基础阶段》（DfE，2014）时，以康宁和卷入这两个"透镜"来审视儿童在机构中的学习与发展。当我们不是只关注结果和"水平"，还用这两个"透镜"强化我们关于"独特儿童"的观点时，就更容易了解如何与日常情境中的儿童个体一起工作。

案例（与教职工）（3）

来自邻近儿童中心的教职工描述了他们在索利哈尔家庭育儿与"小小思考者"的焦点小组中如何使用鲁汶康宁量表的，如何把卷入水平评估用于其他全体参与的活动中以"帮助父母看到康宁怎样影响卷入，进而影响行为"。这些教师特别说明，他们会帮助父母在考虑孩子的感受时形成更深刻的见解，从孩子的感受上判断孩子的参与水平。

其中一位教师还谈道："一位父亲说他原以为孩子是无忧无虑的，这足以令人感叹。这真的帮父母理解了他们孩子的行为其实是他们康宁水平的反映，卷入水平就是我们可以分享给他们的关于这一点的证据。"

教师们还解释了，他们的"全团队方法"（whole team approach）与"父母卷入儿童学习的方法"（Parents Involved in their Children's Learning，PICL，Pen Green Centre[①]）有什么样的联系，他们观察到的内容是如何通过照片、《早期教育基础阶段》的学习领域、鲁汶量表以及任何体现儿童对游戏或图式的兴趣的证据记录下来的。他们特别强调，卷入的概念以什么样的方式贯穿于中心的计划、活动和展示中，在照片展示板上添加能捕捉卷入这一主题的那些故事，使用与卷入有关的语句作为标题，描述和解释儿童的卷入水平。"我们的教师在与孩子和家长交谈时给家长示范使用描述幼儿感受和卷入的相关语言已经是一种常态，给情绪命名、帮助家长明白孩子的情绪和卷入水平发生变化是很正常的事，实际上，长期保持高水平的卷入是令人疲惫的，不总是可持续的。"这种认识也会在家长会和案例分析会上被分享，冲击了人们觉得儿童"不过"是个孩子、不可能受到周遭情绪环境影响的认知。

这种工作方式的关键在于，理解一种适用于机构内的实践、关系和学习等方面的教育学取向。

[①] 即潘·格林中心，它既为儿童及其家庭提供高质量的教育和保育，也通过家访、小组工作、健康干预、成人教育和培训等方式提供信息和支持性服务，还致力于培训专业人员并传播优秀的实践。——译者注

儿童中心的核心目标

随着政府于2012年确立了新的"儿童中心的核心目标"（Children's Centre Core Purpose），我们中心开始受到新的指导和立法的约束。这对我们能否按照前面四年中一直在发展的理念或教学法而继续工作提出了挑战。"儿童中心的核心目标"特别规定，工作的重点要针对"最需要帮助的人"，我们开始考虑如何在持续提供儿童中心服务时做到这一点，如何在中心所服务的社区内继续建立支持性的人际关系。我们一直与所在地区的所有儿童和家庭保持着合作关系，并且越来越多地关注脆弱的家庭，这使得保持我们的理念更加重要了，即要为儿童和我们想支持其重新参与学习的家长提供高质量的学习环境。我们发现，在这些家庭中，成人的情绪、康宁和压力水平无论短期还是长期存在，都会对儿童的康宁和发展产生最深远的影响。从健康的角度出发，结合这一领域的研究成果，可以这样表述未来的挑战：

> 人际关系从来都不是一帆风顺的，较难的人际关系会让我们更加了解自己和他人。利亚申科（Liaschenko, 1994）说，或许正是难以相处的患者最需要尊重和下功夫。她的一名研究参与者说："正是那些难以相处的人，才真正需要你有意识地给予尊重、有意识地花时间、有意识地努力弄清楚——如果你能与他们建立关系，你是怎样做到的，有时做不到又是怎么回事。"（p. 88）我们不能过早放弃。我们怎样才能坚持下去？我们如何找到时间，或者更重要的是，如何为人际关系的发展创造需要的空间？
>
> （Bergum, 2003, p. 125）

康宁和卷入的视角显然激励了我们利用自己的理解来维持我们对幼年人际关系以及儿童康宁和安全感的重要性的关注。从这个视角看，我们致力于继续支持父母在与孩子的关系中从孩子的视角看问题，也很适合满足脆弱家庭的需要；然而，从管理的角度看，我们意识到，正如一位家长向我们表达的那样，"情况又会有所不同"，在变化了的氛围中，需要处理家长和教师两方面的期望，这成了管理的压倒性工作。我们正从以前通过面向全体的服务建立与家庭的关系，转向一种更针对特定群体的取向，且更多地依靠有限时段的干预，因此我们的关系取向大打折扣。

安德鲁斯（2010，p. 46）指出，在儿童中心，"发展干劲"之后可能就会有"对巩固和可持续性的担忧"，而这些问题在当时也正是地方当局决策的关注重心，他们的优先事项也因此而改变。确保儿童达到某种入学准备水平的需要似乎不再顾及"当下"的重要性，以及家长因"参与"而已然体验到的积极结果——减少了孤立、增进了亲社会行为、降低了防御心、对儿童中心的非评判性环境的开放心态日益增加。父母和孩子没有被污名化这一事实，实际上已经促使"共同体"的建立，我们担心我们赋能的环境中的"时间"要素将受到侵蚀（Early Education, 2012）。正如伍兹和沃德尔（2013，p.113）所指出的，"一个赋能的环境会给婴幼儿时间慢慢探索，就像成人适应新的工作方式也需要时间一样。"最初，我们能够塑造服务并发展自己的角色，以创新和灵活的方式工作，以满足我们所面对的家庭和社区的需求。我们曾认可"人们以不同的方式和速度发展与学习"（Andrews, 2010, p. 53），但现在我们的工作更多地被引到特定方向上、范围也被改变了，但我们需要保持一种意识，即我们对变化的焦虑不要影响我们对儿童和家庭需求的关注。安德鲁斯（同上，p. 63）指出，"教师团队变得有韧性，能够理解和示范如何容许和接纳他人对变革的焦虑感"是多么重要。在这个阶段，领导层的自我调节至关重要——你必须确信自己的核心价值观，同时对他人的感受产生共情（Manning-Morton, 2014）。

如本章前文所述，我们正在与家庭合作，知道父母的康宁对孩子的康宁有着重大影响。尽管可靠的父母"在与婴儿互动时把孩子当作有想法的人来对待，认为他们头脑中的想法值得了解"（Fonagy，2000；Howe，2005，p.19），但我们知道，我们面对的许多父母都只考虑自己的需求。事实上，许多父母寻求的是通过亲子关系来满足自己的情感需求，他们很难从孩子的角度看世界。这些父母在解释孩子的行为时刻板僵化（Howe，2005，p.10），很少看到多种可能性，尤其是在判断孩子的感受时，往往会误解一些表现，以至于疲惫、不舒服、饥饿、生病或痛苦的婴儿被描述为调皮捣蛋或恼人的孩子："他在折磨我。""她不喜欢我。""因为她知道什么会让我受不了，所以她故意这么做。"

我们在不经意间已经感觉到，育儿支持小组里的孩子们常常显得不安或焦躁。当我们进一步更有目的地反思时，很明显，我们的证据可以得到诸如格哈特（Gerhardt，2004）引用的研究的确证，他观察到，母亲不敏感的婴儿表现得更易怒，但当帮助父母识别婴儿的信号并做出恰当的回应时，亲子关系就会得到改善。我们的作用是帮助父母反思自己的情绪状态以及孩子的情绪状态，从而达到一定程度的和谐。我们相信"更积极的情绪……有助于孩子接近并坚持做助益他们探索世界的那些活动""快乐鼓励我们放松、游戏、学习和接近他人"，这反映了莱弗斯的观点，即拥有康宁的孩子会表现出坚持，在活动中的卷入时间更长，更能感到满足。

我们可以结合索利哈尔育儿法的理念：主张接纳，以及能"接纳"一个痛苦的孩子；对于那些"无法接纳"的父母来说，当"面对一个需要帮助、脆弱或痛苦的孩子时……就会感到混乱、失控，没办法处理自己或孩子的激动情绪"（Howe，2005，p.39）。团队反思和计划，包括与家长和咨询委员会进行讨论，使我们能够在考虑家庭情况的基础上修改和调整自己所提供的服务。然而，必须指出的是，许多家庭在这一变化期的确体验到某种焦虑感，感到"忧郁、悲伤、恐惧或愤怒"（Laevers，1994），所有这些我们在这段时期都能观察到。在这里，我们除了理解"卷入"概念之外，还必须结合令人直面变故的"韧性"这一概念。显而易见，作为一名教学领导者，为我们自己和家人的康宁而计划和创造条件，一定是优先事项，没有人会为我们做这件事。

在18个月后，与心理健康工作者一起从当时的情境抽身出来、重新回顾反思时，更容易看到当时发生了什么，以及我们对康宁和正念的关注在培养团队成员的韧性上曾发挥了多大的作用。

案例（与教职工）（4）

作为一名心理健康工作者，我在儿童中心的职责是基于我对抑郁症、焦虑症和压力等常见心理健康障碍的产生、识别和治疗的知识，运用循证的治疗方法，包括心理教育、认知行为治疗和正念练习等，为中心的教职工和家长提供信息、做视导和培训工作。

人们认识到，康宁、身心健康不仅影响自己日复一日的生活，而且直接影响家人、朋友与同事的康宁和身心健康。因此，儿童中心的工作人员和家长所经历的改善，也将直接有益于中心的儿童及其兄弟姐妹的健康、康宁和发展。

认知行为治疗和心理教育使人们理解，压力和痛苦怎样影响着我们的思考、行动和感受，以及如何形成策略来打破这种"恶性循环"，提升健康和康宁水平。正念练习促进自我觉知、接受和自我同情。

教职工培训的时间"受到保护"，给所有团队成员提供培训，有书面的也有实践方面的，远离日常工作场所中那些分神的事务。培训和个体（团体）视导面向所有教职工，包括儿童中心的管理者。视导涵盖了个人事务和专业事务，提供了在安全的环境中分享的机会，让大家想想克服困难的问题解决方案。同伴支持者也可以接受视导，反思他们提供支持的那些活动，也反思一下他们自身的需求。

培训为教职工提供了以下机会：

◎ 了解自己的康宁水平和压力管理策略；

◎ 识别自己和他人的压力与痛苦；

◎更深入地洞察思绪/身体感受/情绪与行为之间的关联；
◎认识到做出微小的改变就能获得康宁和身心健康；
◎发展包括正念练习在内的自我照顾策略；
◎与家长分享治疗方法的益处的个人体验；
◎增加有关治疗方法的知识；
◎更有信心识别出将从干预中受益的人群。

心理健康工作者和儿童中心的教师合作建立了一个帮助情绪低落、产后抑郁、感到压力或焦虑的家长的小组。每次活动都有一个关于康宁的主题，包括情绪和食物、压力和放松、人际关系、自我照顾和自尊。小组的房间离婴儿班很近，家长如果需要就可以去看孩子，同时设置了"受保护"的时间来满足家长自己的一些需求。

每次活动快结束时，参与者会根据本周的话题计划下周要进行的一项活动，这项活动要现实可行、可以增强他们的康宁、培养韧性并使参与者将策略迁移到日常生活中。

在第一次和最后一次活动中，可以运用《沃里克–爱丁堡积极心理健康量表》（Warwick–Edinburgh Mental Well-Being Scale，WEMWBS）和评价表格来测量结果，并促进小组的进一步发展。该量表显示所有参与者（包括儿童中心的教职工）的康宁分数都有提升，除了一人之外。评价表格也突出表明，人们对康宁和情绪有所了解，且认识到参与者并不孤单，他们可以互相帮助。参与者还记录说自己的信心有所增强，有好几个人想在同伴支持活动中提供帮助。遗憾的是，儿童中心关闭了，该小组活动终止了，这个机会也就失去了。

我们在一起回顾工作时，注意到正念是卷入的终极水平，在我们自己运用正念以及支持家长变得更有"正念"时，我们一直在使用与莱弗斯的方法有着密切关系的一些概念，这使得我们能够在儿童中心提供全方位的服务。

我们在接下来的 18 个月里继续提供了经过调整后的服务，特别是欣然采纳了与困难家庭团体确立的新的共享工作协议，并努力通过转诊系统和信息共享将我们的服务与他们的服务建立关联。任何机构都是更大生态系统的一部分（Bronfenbrenner, 1979），这在领导儿童中心时需要特别考虑，对于所有试图满足家庭和社区等更大背景中的儿童的需求的幼教机构而言，也的确如此。为满足自己社区的需求而开展的工作，始终会有一个更广泛的"宏观"背景与之相联系，各种服务被置于这个背景中，或多或少总会被这个背景指引和塑造。对儿童中心而言，这个大背景永远都是与"儿童中心的核心目标"有关的经济和政治议程。

一段旅程的结束和开启新旅程的尝试

对于我们的社区、家庭、教职工和合作伙伴来说，不幸的是，在我们涉及的领域内开发的儿童中心服务模式与政府和地方当局有关儿童中心不断变化的优先事项不相容，因此该儿童中心于 2014 年关闭，其服务被分配给其他地方的另一些服务提供者。反思这一段旅程，我们仍然感到艰难。这是大规模的变化，源于我们无法施加影响的宏观系统中的一些决定因素，超出了我们能控制的范围。对一个试图在保持一种接纳环境的同时拥抱变化的组织来说，这种变故是一个打击，但我们也只能接受。科维（Covey, 2004）在其关于变化和影响的讨论中指出，有些事情虽然在我们的"关注圈"内，但可能不在我们的"影响圈"内，这是我们许多人仍在努力解决的问题。经历了团队发展的"悲痛"阶段之后，在缺乏接纳环境的情况下，我们中的许多人不得不"自我接纳"，继续为自己的学习与发展负责。一些教职工现在在学校等其他机构中担任新的、不同的角色，想到他们的适应能力、韧性和在儿童中心形成的经验正在这些机构的实践中继续发展和展现，感到备受鼓舞。作为领导者，我们中的一些人现在参与了教学和学生的发展工作，我们希望他们能够反思自己的康宁、反思康宁给他们的实践带来了什么,并能考虑到儿童的康宁情况。幼教工作者在幼教机构中开始的专业发展,将继续在未来进一步发展,他们将从具有最新的、相关的和反思性经验的从业人员的教学中受益。莱弗斯的卷入评价工具一旦被人透彻理解,观察以及让儿童与教师团队卷入,就都会成为反思和评价教育供给所借助的"工具箱"的一部分。莱弗斯在2009年的一次主题演讲中说:"顺便说一下,这份工作永远不会结束。"

学习还会继续发生,但这可能不是所有那些参与本儿童中心生活的人的最佳体验,特别是孩子和家庭,他们的旅程尚未终止,他们还未到达他们本来可能选择的目的地。幼教工作者的希望是,我们已经支持了社区中的很多家庭发展韧性和对自身康宁水平的洞察力,这将提高他们在孩子学习、自身发展和社区需求方面的卷入水平,并为他们提供一个"干旱时期的蓄水池"。(Bruce,2005)

激发思考的问题

★ 在你的机构中,你是否意识到了家长的康宁和卷入对孩子的学习与发展的潜在影响?你可以通过哪些方式使用这些信息?

★ 你如何在教师和家长身上培养观察者所具备的强烈的兴趣和好奇心?

★ 你和你的团队从什么视角看待儿童的学习与发展?

★ 思考一下,如何用教学领导力帮助教师发展和反思自己的实践。想一想,如何为教师构建学习体验,以呼应我们希望他们为儿童提供的学习体验。

★ 作为一名管理者,你在扮演团队康宁需求的"接纳者"方面起到了什么作用?你如何保持自己的接纳心态?

第七章　通过评估和为可能性而计划来支持卷入

支持儿童卷入游戏是促进儿童学习的一个重要方面。儿童的卷入对于他们发展专注力、参与深度学习、进行更高层次的思考、建立联系、提升康宁水平、增强独立性，以及对于我们为他们创设一个真正的学习环境非常重要。幼教工作者、家长和同伴可以通过很多方式支持儿童卷入游戏。通过细致的评估和计划，幼教工作者可以支持儿童更加积极地卷入游戏，从而实现深度学习。

本书旨在探讨莱弗斯关于支持儿童卷入的研究和理论基础是什么，为当前的实践提供了哪些启示，又怎样塑造我们未来的实践。在第一章中，伍兹阐明了为什么儿童的卷入在教育实践中很重要，探讨了支撑卷入概念的更大的理论框架，并确定了卷入与人类活动的性质有关。她解释说，康宁和卷入水平是深度学习的衡量指标，它们可以表明儿童心理发展上的变化（顺应）。在第二章中，她做了进一步阐发，解释了给卷入水平评级有助于使实践者的思考和反思更加聚焦，尤其是在使实践思路清晰化方面非常实用。她举了很多例子，清晰地阐明了运用康宁和卷入量表如何帮助幼教工作者通过识别和干预来有效地支持儿童在较长时期的学习中不断取得进步，从而支持儿童的全面发展。

本书的前两章为后面章节提供了一个全景式的阐述。后续的章节则探讨了如何通过室内外学习环境的创设来支持儿童的卷入和康宁，阐述了成人在支持儿童卷入上的重要作用，以及成人如何通过评估、计划、与儿童互动、家校合作和调用教职工团队的力量来有效地支持儿童的卷入。在第三章中，布朗解释了环境在支持儿童卷入方面的重要作用，还探讨了那种被认为"有激发性的"环境如何既促进又抑制儿童的卷入。在第四章中，莫兰通过对户外学习环境的探讨进一步发展了这个想法，她系统地思考了支持高水平卷入所需要的各个方面，以及户外环境是怎样为儿童提供所有这些可能性的，以让儿童高度满意。她论述了，不断变化着的户外环境为儿童的深度学习提供了丰富的可能性和许多惊喜，我们作为幼教工作者要拥抱这些，以便让儿童深入地卷入其中。莫兰与来自两个幼教机构的实践者进行了对话，探讨了如何通过研究儿童个体的深度学习方式（表现为高水平的卷入和康宁）来开发户外实践，以便更有效地支持儿童的卷入。

在第五章中，麦克尤恩从另一个维度探讨了成人在支持儿童卷入上应起的作用。她认为，友好的关系是关键，敏感性、激发和自主性至关重要，而且具有持久的作用。她接着又解释了如何有效地利用同伴观察来提高成人参与的质量，为在幼教机构内部引入同伴观察、确立共享机制提供了实践指引。在第六章中，肯特探讨了幼教工作者的康宁水平在通过让儿童卷入而发展其学习倾向上所具有的重要作用，并进一步强调了父母的康宁水平至关重要，对儿童的卷入有很大影响。她认为，有意识且明确地支持父母观察儿童，重视儿童的活动和支持儿童的卷入，对儿童的学习与发展会产生深远的影响。该章再次探讨了幼教工作者的作用，即我们如何通过评估和计划来培养儿童的多种可能性。

观察卷入行为充满人性的色彩，需要观察者和被观察者之间建立联系。要解释《鲁汶卷入量表——幼儿版》中所描述的卷入的标志性表现（如面部表情和眼球运动方面）（Laevers，1994），我们需要进行共情性的解读。利用我们与儿童的共同经历以及自己的生活经验，我们能对所观察到的行为表现进行真实而有意义的解读，这就给我们如何致力于改进实践提出了问题。这意味着，仅仅观察空洞的环境，我们无法了解教育的质量。这似乎显而易见，没什么好说的；然而，它却表明，两个环境非常相似的幼教机构在教育质量上可能存在很大差异，这就对我们原来所持的"最佳实践"观点提出了挑战。因此，优秀的实践在于我们能够通过教育供给来发展特定儿童的多种可能性，使他们每个人都能持续地体验康宁和长久地卷入，并随着儿童的学习与发展不断地认识他们，专门为他们调整教育供给。

由于幼教机构的质量取决于每一特定儿童群体与其周遭环境之间的相互作用，因此，即使机构环境一致，教育质量也会有所不同，因为即便是在同一个儿童群体中，儿童的需求、兴趣和能力也在不断变化。这对课程、问责制、质量保障和幼教机构环境的改善具有重大影响。如果通过诸如康宁和卷入水平之类的学习指标来衡量教育供给的"有效性"并促进它，那么更深入、更持久的学习将会发生。来自外部培训或文献的思想、对物理环境或时间表的统一期望、不灵活的测量工具或检核单以及限制性的课程和评估要求，可能会阻碍幼教机构本来有意促进的那种迅速发生的、深层次的和持续终生的学习。这需要一个长远的眼光，强调过程导向，但在以短期且重结果的表现指标进行衡量的文化中，很难捍卫这种取向。然而，作为幼教工作者和早期教育的领导者，我们在这方面还是能发挥重要的影响力的。我们通过创设有力的学习环境、致力于深度的专业发展、成为卷入的成人、秉持过程导向的工作方法、观察儿童的卷入和康宁水平等，支持儿童进行深度学习。这对我们的要求远远超过了遵循法定的课程计划和评价要求（Laevers，2005a）。

幼教工作者可以通过他们的卷入和教学来支持儿童的学习。在一个具有现实世界的种种局限性的"行动场域"里，利用卷入水平可以取得更好的教育效果（Laevers，2000，p. 28）。幼教工作者可以一点点改进实践，从而引发更高水平的卷入，高水平的卷入对深化儿童的学习有重要影响（Laevers，2002）。事实上，卷入所体现的人性特征就是一种非常乐观的态度。它赋予我们这些实践者力量，我们天生就具备观察儿童卷入的能力，因此有能力改变为儿童提供的教育，以更好地支持儿童卷入、学习。只有通过践行、体验和培训，我们才能提取和调整这些技能，但它们其实就存在于我们所有人中。

本书的中心论点是，支持卷入对儿童的学习与发展至关重要。在日常实践中，卷入在儿童的活动中显而易见，幼教工作者、家长和其他儿童以无数种方式支持着它。我们做儿童工作的要点，在本章中会被重点阐述。我对卷入的理解是，它内在于各方面的学习中，因此是支持儿童学习的关键。在接下来思考评估和做计划时，我们将引述并基于前面章节中所解说的理论与实践基础，探讨我们作为幼教工作者如何评估和计划，才能支持儿童的卷入并让他们进行深度学习。

对过程的评估

莱弗斯（Laevers，2002，p. 9）对于"过度依赖教育结果"这一现象有所质疑。本书邀请我们这些实践者在不预估结果、解决方案或者目标（成品或结论）的情况下认识儿童并期望他们追随多种可能性。一个关键的主张是，我们应该将卷入视为一个过程，在这样的过程中，最终结果是未知的，且实际上是不可求的。我通过杰玛的案例来说明这一点，她正在听音乐，但历经了几个阶段，然后为一出戏剧制作了幕布。她在这一过程中做了好多决定，考虑了很多可能的结果，有些是有形的，有些只是想象中的。每一次方向的改变都是有目的的和经过考虑的。她抛下一些想法，并不是因为她没有专注，而恰恰是她的专注和卷入水平提高了的证据。

案例：杰玛与贝克老妈

6岁的杰玛和8岁的妮可边玩边听"波尼姆"①（Boney M）的歌曲《贝克老妈》（Ma Baker）。

杰玛跟着唱，然后跟妮可说："我想贝克老妈穿的是黑色的衣服，一件黑色的西装。"

"你觉得她戴眼镜吗？"（妮可戴着眼镜）

杰玛走出房间，过了一会儿拿着一些纸和毡头笔回来，画了一个穿着灰色鞋子、黑色西装，戴着眼镜、耳环、蓝色项链，拎着粉色包的人像。她又走出房间，拿了剪刀回来，从纸的底部剪下一条，把人像的鞋子剪了下来，停了一下，又剪下人像，说："我们可以表演一个木偶剧。"

杰玛又走出房间，到妈妈身边问妈妈是否有白纸，因为白纸已经用完了。妈妈拿过来一沓白纸，给了杰玛几张。杰玛数着页数，告诉妈妈纸张数是奇数。妈妈又给了她一页。妮可和杰玛以三张为一行把纸张排成两行，然后剪下胶带把纸粘在一起。杰玛走出房间，又拿了几卷包装纸回来，从其中一卷上拉出包装纸，她发现这卷只剩下一点了，但她对纸轴有了一个主意，她让妮可帮她把纸轴粘到纸上去。

妮可发现杰玛拿着胶带时她很难剪，杰玛建议她剪胶带的另一端，妮可皱着眉头说："你来剪吧。"他们互换，杰玛剪下胶带，把纸轴粘到那些纸上。

用几条胶带粘好纸轴后，杰玛拿着纸轴，挥舞着纸张喊道："这就像扬帆航行！"

妮可举起一卷新的包装纸，杰玛告诉她："妈妈不让我们打开那卷，那卷是新的……我们可以打开这卷吗，妈妈？因为要做贝克老妈。"妈妈同意了。"谢谢妈妈。"她说。

杰玛把卷轴和纸张翻过来，这样胶带就可以粘在底下，"我们需要包装纸来做木偶剧的小舞台！"她裁剪做幕布用的包装纸（一张）。妮可建议把一小片包装纸粘在那些白纸的底下，杰玛热情地赞同说："它可以像舞池一样。"

---

① 德国最成功的迪斯科乐队之一。——译者注

> 杰玛比画着如何拉开幕布，告诉妮可："我们需要说'哇，欢迎上台'。"她跑开带着一条贴纸回来，问谁想表演，并为每个人写了一张贴纸（有些人实际上并没有）。
>
> 杰玛拿起她的贝克老妈人偶说："她想让人们知道她是个坏人。"妮可愤愤不平地说："不，她没有。"
>
> 杰玛模仿歌曲中的声音说："把你所有的钱都给我。"杰玛说："假装，就像，嗯……就像学校组织去剧院，我们可以在咖啡馆或外面给他们带些吃的。"妮可同意，他们又播放了一遍那首歌。
>
> 妮可给自己的贝克老妈像涂色，杰玛继续做自己的。妮可移动纸张和纸轴，把包装纸放在它们上面。她一边在包装纸上剪出一个小三角形，一边说："这有点难办。"（转向妈妈）"我需要在这上面剪一个像你的帘子上那样的洞，但这有点难办。"
>
> 妈妈帮她剪了个洞，杰玛让她把洞剪大点，因为"洞要大到足以让杆子穿过。"妈妈问这个洞行不行，杰玛把三角形贴在纸轴上滑动，说"可以"，但他们还需要剪几个。
>
> 杰玛剪了几片相似的，这次自己剪出洞，然后又把两片滑到管子上去。她把有洞的纸片粘在包装纸幕布上。"我需要把它们粘起来，这样它们就不会滑下来了……我稍后再整理。"
>
> 她把包装纸做的幕布剪成两半，做成了两个幕布，她请妮可帮她剪胶带。妮可这时已经完成了她的画，并给杰玛看了。这时，杰玛离开了这个项目和贝克老妈人偶，转而去参与另一项活动了。妈妈后来问她人偶和幕布还要不要保存，杰玛回答："不用！"

在上述案例中，杰玛并没创作出戏剧、故事或进行角色扮演。杰玛满足于在自己的进程中探索和参与每一个环节，体验到了"心流状态"（Cíkszentmihályi，2002），因此最终感到心满意足。这里，高水平的卷入不只是一个高峰，而是历经一系列高峰、挑战和其他体验的一段旅程。杜威（1910，p. 40）将这种向某个"统一的结局"行进比作一艘船通过不断地移动来始终保持航向。对杰玛来说，她进行创造性思考才是至关重要的，她并不觉得自己的各种努力是"尚未完成的"（Craft，2002），她在已知和新知之间已经达成了平衡。这就给我们这些实践者提出了问题：一项活动何时真正算"完成"，我们怎么知道时候到了？我们是在儿童身体和情感上都选择离开时去寻找满足感的表现，还是在有足够的外部证据表明活动"完成"时再看儿童是否满意？这也暗示，"任务规划—执行—完成"这种成人模式，很可能会在评估儿童学习时误导我们。

对于杰玛，我们很容易将注意力放在她在活动中产出的物质成果上，然后建议她创作人偶和戏剧，这样这个活动本质上就成为一项有关"设计和技术"的活动。这并不真实，因为杰玛没有制订明确的计划要获得这些物质成果，也从未表明这些成果对她很重要。她展现了多方面的学习，包括人物性格解读、随着音乐而动、创造性角色扮演、形状和空间、精细运动技能、协商、批判性思考、独立性、想象力、解决问题和团队合作。作为幼教工作者，我们观察儿童的卷入情况，要寻求的并不只是儿童达成了原计划的目标，典型的表现是看到孩子的画或模型就问"这是什么呀？"，而是关注过程。莱弗斯（2005b）认为，作为教育者，学习的过程应该是我们关注的重点，因为学习的真正结果是个漫长的事。同样，衡量儿童的卷入和康宁的水平、持续的关注和分析以及随后共同对话的过程，才是把卷入水平用到实践中时真正重要的，不是只为了评个水平高低。

通过评估支持卷入

支持儿童卷入最简单的形式，就是让他们感到自己被了解和重视。评估，特别是观察，在支持儿童卷入上发挥着至关重要的作用，观察的类型、时间安排和解读都是必不可少的要素。作为幼教工作者，我们努力对儿童学习的重要时刻进行细致的观察（Smidt，2009），并以此确定观察的时间安排，而不是遵照固定的观察时间表和常规。卡尔（2001，p.5）指出："通过'学习故事'，关注点已经从头脑中的内在结构和表征转移到在体验到的世界和周遭事物中生成意义、产生意图和建立关系，这是一种更多地着眼于儿童的优点而不是缺点的评估。"

这使我们对儿童的支持能够基于深度学习的时刻，这时儿童可以体验到最高水平的卷入，我们也视儿童为有能力的学习者（Fisher，2013）。做这样的观察对我们这些实践者一直是很大的挑战，特别是在儿童卷入水平参差不齐、忙忙碌碌且空间面积有限的混龄幼教机构中。

借助观察，幼教工作者可以识别出，儿童卷入水平高的活动在哪方面会遇到阻碍。如果我们有效地运用观察，就会发现潜在威胁和阻碍卷入的证据。例如，有时我们能看到孩子们真的用栅栏把自己的游戏和活动圈起来，制作隔离墙和标记，明确表示这是"我的游戏空间"。通过观察来关注儿童，我们能够看到这些清晰传达的信号，从而调整我们提供的环境和活动去支持儿童的卷入，给他们机会持续深入地进行多种可能的学习历程。开放的观察，没有狭隘的目的或议题，关注的是卷入，可以支持我们真正看到儿童，并确保收集的证据是真实的。康宁和卷入水平完全可以反映整体学习环境的有效性程度。评估这些可以有力地支持我们改善教育和实践，让我们无须控制儿童的学习，也可以对儿童的学习负责。

鲁汶卷入量表支持我们在一个大的环境中从不同的活动中识别卷入水平的高低。正如伍兹在第二章中指出的，这些量表简便易行，能达成广泛的共识，这或许也能说明为什么它们会产生如此广泛、持久的影响。这些量表方便人们交流，为我们提供了一种工具和语言，我们借助它可以就儿童的学习进行有意义的对话。观察康宁和卷入状态的目的与意图可以引起幼教工作者的共鸣，因为他们关注教育者所坚持的价值体系中最重要的基础要素：儿童的幸福和学习。布迪厄（Bourdieu, 1998，p. 2）说："一个人只有深入地了解特定历史时空中的经验和现实细节，才能理解社会最深层的逻辑。"

这种取向归根结底是对儿童的珍视，因为它不假设了解他们或生活在他们的世界中。通过观察，我们试图揭示对儿童世界的洞察，同时又承认我们是童年的"观光者"和"口译员"，就像詹姆斯等人（James et al., 1998）提出的"儿童是一个独特的部落"的奇想。在此，观察支持我们在成人和儿童的世界之间架起桥梁，为幼教工作者提供看透儿童经验的通路。我们试图查明此时此刻在某个教育机构中，某个儿童处于什么样的状态。我们观察儿童真实的学习经历，忠实记录"生活和进入教育机构对一个幼小的孩子意味着什么"（Laevers & Heylen, 2003, p. 13）。这种鲜活的经历是"层层叠加的情绪、行动和观念"[1]（Løndal, 2010, p. 393），只有通过实际经历才可能真正实现（Merlou-Ponti, 2005）。

通过观察和记录当下来评估，我们可以假定每个孩子不会和其他孩子一样以相同的方式行动。这挑战了我们有时那种自然而然的倾向，即作为幼教工作者，特别是经验丰富的工作者，我们会在不知不觉中给儿童定模式、贴标签和分类，以至于"看到"一个与我们几年前教过的儿童相似的儿童，就预先判定他是某种人或具有某些特质。带着评估卷入水平的目的来观察，使我们能够把每名儿童作为独特的个体来进行真正的评估，这是许多评估无法做到的；同时又能提供有意义的证据，有助于进行比较或做标准参照的评估，也能支持教育质量的提高。

---

[1] 与莫里斯·梅洛-庞蒂（Maurice Merleau-Ponti）的观点一致，儿童鲜活的经历被视为源于先前身体活动（previous bodily engagement）的层层叠加的情感、行动和观念（layered emotions, actions and conceptions）。它们将身体（living body）及其所处环境联结在一起，形成一个连贯的、个人的实体（a coherent, personal entirety），由此赋予新的实际情形以意义。——译者注

观察者和儿童之间的关系是成功观察卷入情况的一个重要因素，由于不同的儿童以不同的方式卷入，卷入呈现出不同的形式，因此对儿童的了解至关重要。下面关于凯拉的案例就能说明这一点，凯拉抱怨一个孩子打翻了"急救大象"。了解凯拉的世界，意味着知道她上过小学附属幼儿园和日托机构，她的游戏可能代表了她在不同环境中的经历。

> **案例：凯拉与急救大象**
>
> 凯拉躺在地板上，把玩具动物排成一排，几个距离凯拉最近的玩具动物似乎还没被排好。教师观察凯拉，认为她参与了有目的的活动，处于中等卷入水平。她似乎要将玩具动物排成大致均匀的几排，但没有把它们分类或有目的地给它们设置位置。她的目光始终在玩具动物身上，但身子一直躺在地板上，只动动胳膊，时不时地把头靠在手臂上休息。卢卡斯拿着一个纸飞机冲了过去，踢倒了其中一个玩具动物。凯拉立即坐起身来扫视动物，皱着眉头大声喊道："嘿！"并向教师告状："卢卡斯踢倒了急救大象！"凯拉和教师进行了对话，凯拉充满热情地向教师透露：小小世界里的动物是一所学校的教师和学生。前排的动物是精心挑选出的班主任和两名"访客"，后排的大象是教学助手，正在对一名在玩耍时受伤的"孩子"（河马）进行急救。每排末尾的玩具动物是它们班级旁边的学校职员。

在上述案例中，了解凯拉曾经历的多种学习环境对于理解她的高卷入水平至关重要，而不是只看到她将小小世界里的动物排成一排。她的头脑比教师最初以为的要活跃得多。注意孩子的语言（"急救"）、了解孩子和参与交谈，有助于教师准确评估凯拉在这项活动中的卷入水平，包括看到她热情地分享自己的想法和当她觉得卢卡斯对她的作品构成威胁时进行防御、表达不满，这些都证明了她的满意度。通过观察对儿童的卷入水平进行准确评估，对于教师计划适宜的活动以及调整环境来促进和保持高水平的卷入至关重要，从而支持儿童的深度学习。在这里，我们需要意识到学习倾向与评估在教学和道德上的义务，并认识到每日常规和活动反映着计划和评估的方式。伍兹和沃德尔（2013，p. 111）引用了西拉杰－布拉奇福德和曼尼的观点（Siraj-Blatchford & Manni, 2007，p. 28），请参见本书第五章和第六章。

作为领导者，你可以采取的措施包括展示以下能力。

- 确定并阐明总体愿景，尤其是教学法和课程方面的共同愿景。
- 共享理解、意义和目标。
- 有效地沟通。
- 鼓励反思。
- 监督和评估。
- 追求持续的专业发展。
- 建立学习共同体和团队文化。
- 鼓励与家长和社区建立伙伴关系。

通过计划支持卷入

计划是一个"帮助我们预见的主动的过程"（Bruce et al., 2015, p. xv），体现了我们对评估结果的解读。可以为"当下"计划，也可以计划系列活动、几周或更长时间的活动。评估和计划之间的这种直接关联意味着，我们在评估中所关注的也就是我们在计划和实践中所关注的。根据基于观察的评估所得到的信息来做计划，幼教工作者就能支持儿童的卷入，在计划教育时把反映儿童兴趣的内容和方式以及他们可能感兴趣但尚未接触过的事物都纳入考虑。采用这样的方法，我们在计划时增加了儿童学习的可能性，并支持他们深度卷入其中一种或多种可能的学习活动。作为幼教工作者，我们既在为现在的学习者计划，也在为可能成为学习者的儿童做计划。我们认识到"正在发展的儿童"，不会让儿童局限在先前能力、机会或经验范围内的学习中（Laevers &

Verboven，2000）。儿童会影响活动，活动也会对儿童产生影响，两者处于一种共生关系，高水平的卷入就体现为二者难以分割而融为一体。莱弗斯（2006）提到过儿童与活动之间没有距离的观点。消除所有可能在儿童与活动之间造成距离的因素，是我们做计划的一个重要目的。

在做支持儿童卷入的计划时，我们可以设计丰富多样且有趣的情境，提供许多发现着迷事物的机会，这样儿童就能够聚焦于令自己着迷的事而深度学习（Bruce，2012）。在下面的案例中，18个月大的麦克斯就表现出了这种着迷。

> **案例：麦克斯和鱼缸**
>
> 尽管房间里有很多书、玩具和骑行工具（这是他特别喜欢的），但麦克斯还是着迷地看着鱼缸里两条非常小的鱼。教师试图用一块饼干、一个球和一辆车哄他离开，但他仍然留在鱼缸那儿。当鱼游动时，他会发出声音、转着头、蹲下从不同的角度观察。当鱼游过一块有洞的岩石时，他兴奋不已。

在计划支持儿童的卷入时，儿童在活动过程中处于中心地位。他们对自己的学习拥有自主权，被信任，被认为善于学习。正如杰玛的案例所表明的，儿童需要拥有学习目标的所有权，学习目标也不需要与有形的产出相关，儿童常常能够在活动过程中改变这些目标。正如伍兹在第一章中所解释的，即使在成人主导的活动中，卷入水平高的儿童也为自己重新设计和重新构想活动。因此，目标最终仍是儿童自己的。

在制订计划时，我们需要真诚地支持儿童卷入。追随儿童的兴趣就是让儿童主导。因此，我们需要为此做出详细的计划，确保儿童生活在一个安全的、熟悉的、认为自己有主导能力的环境中，也确保教师扮演的角色、时间安排和资源都能得到儿童的指引。然而，现实会存在一种好心办坏事的危险，即利用兴趣向儿童"兜售"学习，或通过计划某些刺激物来充当学习或诱惑的"钩子"，迫使儿童变得热情高涨。例如，将某个儿童电视节目的角色印在一套抽认卡上，这并不是追随儿童的兴趣，这种"兴趣"显然是成人的。在计划中，我们思考孩子们如何学习、在哪里学习以及学习什么。这些兴趣需要是真实的、有具体情境的。作为幼教工作者，我们面临的根本问题是"儿童什么时候、在哪里体验到了高水平的卷入？"而不是"儿童的兴趣是什么？"，因为正是前面的问题能让我们通过计划来支持卷入。同样，当邀请儿童关注成人世界中的教育时也会存在问题，例如为了找到"好"工作，为了让某人快乐、恐惧或报复，或者因为要接受测试所以才学习。由焦虑导致的参与根本不是参与，而是一种既兴奋又紧张的状态，这种状态会让学习受到抑制，对教育的负面感知可能会显现出来。

孩子们遵循自己的想法，在机构提供的无限可能性中为自己做出选择，这将培养儿童的主人翁精神，有助于支持他们的卷入。

> 计划多种可能性而不是结果，会转变计划的动态过程。这里，幼教工作者的作用是促进学习，是追随而不是领导。掌控权和担责相辅相成，更多地取决于儿童自己。计划由"内部人士"（即儿童）来决定，幼教工作者提供支持和赋能。
>
> （Gripton，2013，p. 8）

如果儿童感受到由自己负责，并且任何事情都是有可能的，那么他们的卷入水平就会更高。若活动对儿童个人有意义，他与活动的情感联系就会支持着卷入。这样，我们就不能为儿童做计划，而是为儿童自己制订计划而计划。我们的作用是提供有丰富可能性的环境。知道自己可以在这一环境中做选择是很重要的，因为儿童只有在充分意识到自己拥有可选择的项目并做出选择的情况下，才有真正的选择权。一个孩子反复地重复同一活动，有可能因为这是他自己选择这样做，也可能不是他自主选择做的，还可能是因为感觉这是大人想要他们实现的目标。同样,一个孩子参加一系列活动,可能只是跟从另一个孩子或成人,并不觉得他们还可以有其他选择。唐纳森(Donaldson, 1978, p. 94)的一个观点很有说服力:"我们通过考虑什么是可能的来提高我们对实际情况的认识。"

情感投入是卷入的根本,涉及承担风险,需要一个支持孩子们感觉自己可以付出情感并承担风险的环境。正如本书第三章中布朗深入解释的那样,学习的物理环境是我们计划多种可能性的一个关键方面。这种环境不是一个忙碌、拥挤或花花绿绿的环境,而是其中各种简单的资源可以被组织得能支持儿童建立联系并为他们提供了利用这些资源进行活动的空间的环境。通过这样的环境,我们支持儿童发展各种可能性,支持他们的卷入以促进深度学习和取得有意义的进展。不过,在创设物理环境时,要避免儿童因环境中丰富多样的材料、忙忙碌碌的状态和广阔的活动范围而感到手足无措或迷茫。当我们接纳儿童的学习有无限的可能性这一观点时,我们也认可,在体验高水平的卷入时,儿童很少同时与多种可能性建立联系。卷入需要儿童有机会接触各种可能性,也需要儿童有时间并被允许追随其中某种可能性,深深卷入其中。儿童广泛而持续地接触、自由探索、担负责任并信任他们所处的物理空间和资源、他们的教师和其他同伴,将支持着他们的卷入。如格里普顿(2013)所述,为无限的可能性计划,考虑因素包括真正的目标、不确定的资源、能让儿童有大块时间开展自己发起的游戏的时间表,以及能使活动在时间表规定的各休息时段(包括不同活动之间的间歇)后仍继续进行的空间与体系。

正如麦克尤恩在第五章中所描述的那样,成人的作用至关重要,因为儿童的发展结果由教学关系和教育者的实践决定(Laevers & Heylen, 2003)。作为幼教工作者,我们可以在与儿童的互动中有效地使用语言,帮助他们将未来的可能性视作现实的组成部分,从而使他们看待周围环境时不那么依赖具体事物（Vygotsky，1978）。我们还可以计划通过提供充满了发现奇迹的机会、与儿童与生俱来的学习欲望相匹配的丰富的资源和环境（Donaldson，1978），来进一步激发儿童充满好奇心的"对体验的渴望"（Dewey，1910，p.30）或"探索需求"（Laevers，1998，p.84）。幼教工作者在支持儿童的社会性发展方面很关键，可以利用活动、空间和成人主导的活动为儿童提供社会互动的刺激。榜样示范也很重要。成人应该率先养成好奇与卷入的习惯，展示思考的连续性需要活动具有灵活性（Dewey，1910）。他们自己也应该高度卷入（Laevers，2006）。

幼教工作者识别出较低的卷入水平，通过提供各种可以促进儿童深入参与的可能性来支持儿童，对儿童来说非常重要。低卷入水平常常遭到误解，尤其是在年龄很小的孩子身上，或者是在儿童行为被认为有"干扰性"时。布迪厄（1998）指出，卷入源于与情境建立某种关联。因此，诸如因为一个玩具而打架之类的"干扰性"行为，暗示着儿童在活动和环境中有一定的卷入水平。我们的回应需要负起责任。这要求我们进行榜样示范、观察、表现出对儿童的信任，采取"可以有所为"的态度，珍视儿童，拥有一种"成长型思维"（Dweck，2008）。我们可以积极寻找阻碍学习的因素，采取措施改善它们，用开放的心态和意志力来改变实践和环境。当儿童的卷入水平明显很低时，教师可以设法解决影响卷入的障碍，而不是只提供刺激。要提供完整的支持，而不是小修小补的特定行动，可以计划个性化的、养成性的课程，通过温和的措施来培养儿童的自尊和信心。对于这些和所有儿童，我们可以考虑让儿童卷入的可能性。由于所有人每天都会有卷入水平的波动，因此我们可以计划不同时长的活动，可以是协作性的，也可以是个人的，可以是儿童熟悉的，也可以是令人感到新鲜的，以便让儿童的各种经历有一个广阔的卷入水平变化空间。通过分享照片和学习故事之类的观察证据，我们可以与儿童一起反思他们卷入水平最高的时刻，这会帮助我们理解儿童作为学习者的身份，从他们身上看到学习。

总　　结

卷入引起卷入。在一种重视卷入的文化氛围中做事，儿童和成人会从他人的兴趣中找到兴趣点和着迷的事物。这种情况可能以多种方式发生，包括肢体语言、面部表情、操纵和表征事物，以及对话和持续性共享思维。在卷入的环境中，儿童个体和儿童群体沉浸在接下来不同的可能性之中。在这种类型的环境中，卷入时间较短或卷入水平较低的儿童会更快地变得更加卷入和重新参与其中，这是因为他们拥有大量的卷入机会和专注的环境。按照克劳（Crowe，1983）提出的"游戏是一种感觉"的观点，卷入是一种感觉和一种氛围，也是可观察到的孩子在活动中的参与。一个孩子全神贯注于某项活动或想法，这是多么迷人的、神奇的事情。能观察到卷入现象，是从事儿童工作的最大荣幸之一；感受到卷入，是儿童在活动中的最大的乐趣之一。

激发思考的问题

★ 你认为儿童的活动应何时结束？是儿童选择离开的时候吗？是儿童达到心理平衡并感到满足的时候吗？是产生了有形结果的时候吗？是开始变得混乱无序的时候吗？是整理时间到了的时候吗？

★ 你怎样看待儿童在游戏中卷入的这种"心流状态"？什么样的情况和环境可以支持、激发"心流状态"？

★ 在观察卷入水平时，你是否认为儿童在单个活动中的卷入水平高于同时参与多个活动的卷入水平？你是否认为，尽管儿童在某些特定的活动中具有较高水平的卷入状态，但保持这种状态对他们来说很难？

★ 你如何与儿童沟通你对"卷入"的看法？你是否期许或赞赏特定情形中较高的卷入水平？如果处于较低卷入水平的儿童看起来不那么具有干扰性、安静、有序或易于管理，他们有时也会得到奖励吗？

★ 在观察中或观察后，你会与儿童谈话吗？谈话是否提供了关于他们的卷入、目的和选择等方面更多的信息呢？你能在更大程度上运用交谈来支持观察，从而进一步理解儿童的卷入状况吗？

★ 你是否认识到机构中所有儿童的卷入水平都在自然而然地变化着，每名儿童（和成人）每天都需要经历这种变化？

★ 如何通过更多地关注卷入水平来调整或支持你所在机构的计划和评估过程？

★ 在持续卷入的过程中，你是否会示范（包括口头说明）如何进行灵活地调整？孩子们可以看到你通过变换活动、调整资源和改变目的来加深参与度吗？

★ 当儿童在不同的思路、不同的可能性或不同的目的之间游离不定，并且可能又返回先前的活动、调整活动或完全脱离活动时，你是否会给予他们时间进行过渡？

★ 你在多大程度上可以找出儿童在你们的机构中感受到有选择的机会和自主选择的证据？

参考文献

前言

Dahlberg, G. and Moss, P. (2005) *Ethics and Politics in Early Childhood Education*. London: Routledge-Falmer.

Dubiel, J. (2015) Being accountable for what really matters. Nursery World Conference presentation. Unpublished.

Laevers, F. (ed.) (1994) *The Leuven Involvement Scale for Young Children, LIS-YC*. Manual. Leuven, Belgium: Centre for Experiential Education.

Laevers, F. (1997) Assessing the quality of childcare provision. 'Involvement' as criterion.

Laevers, F. (2002) The quality of early childhood education. What we can learn from practice and research in Flanders. In Laevers, F. *Research on Experiential Education Reader*. Leuven, Belgium: Centre for Experiential Education.

Laevers, F. (2005) *Deep-level Learning and the Experiential Approach in Early Childhood and Primary Education*. Leuven, Belgium: Katholieke Universiteit Leuven, Research Centre for Early Childhood and Primary Education.

Laevers, F. (2007) Deep level learning. An exemplary application on the area of physical knowledge. *European Early Childhood Education Research Journal*, 1(1): 53–68.

Laevers, F. (2009) Interview with Ferre Laevers from the Scottish Learning Festival 2009.

Laevers, F., Bogaerts, M. and Moons, J. (1997) *Experiential Education at Work. A Setting with 5 Year Olds*. Manual. Leuven, Belgium: Centre for Experiential Education.

Nursery World Show and Conference (2015). Business Design Centre, Islington, London, 6–7 February.

Ofsted (2014) *Evaluation Schedule for Inspections of Registered Early Years Provision. Guidance and Grade Descriptors for Inspecting Registered Early Years Provision*. Ref. 120086. Manchester: Ofsted.

Pascal, C. and Bertram, A. (1997) *Effective Early Learning Project*. Worcester: Centre for Research in Early Childhood.

Pascal, C. and Bertram, A. (2005) *Baby Effective Early Learning Project*. Worcester: Amber Publications.

Rogoff, B. (1990) *Apprenticeship in Thinking. Cognitive Development in Social Context*. Oxford: Oxford University Press.

Rogoff, B., Goodman Turkanis, C. and Bartlett, L. (eds) (2001) *Learning Together. Children and Adults in a School Community.* Oxford: Oxford University Press.

Vygotsky, L. S. (1978) *Mind in Society.* Cambridge, MA: Harvard University Press.

Wiltshire County Council (nd) So what's so special about early years?

第一章

Arnold, C. (2003) *Observing Harry. Child Development and Learning 0–5.* Maidenhead: Open University Press.

Bronfenbrenner, U. (1979) *The Ecology of Human Development. Experiments by Nature and Design.* Cambridge, MA: Harvard University Press.

Bruce, T. (2005) *Early Childhood Education.* 3rd edn. London: Hodder Arnold.

Cremin, T., Burnard, P. and Craft, A. (2006). Pedagogy and possibility thinking in the early years. *Journal of Thinking Skills and Creativity*, 1(2): 108–119.

Csíkszentmihályi, M. (1992) *Flow. The Classic Work on How to Achieve Happiness.* 2nd edn. New York: Harper & Row.

Csíkszentmihályi, M. (2002) *Flow. The Classic Work on How to Achieve Happiness.* 2nd edn. New York: Harper & Row.

Cuffaro, H.K. (1995) *Experimenting with the World. John Dewey and the Early Childhood Classroom.* New York: Teachers College Press.

Dahlberg, G., Moss, P. and Pence, A. (2007) *Beyond Quality in Early Childhood Education Care and Education.* London: Routledge.

Declercq, B., Ebrahim, H., Koen, M., Martin, C., van Zyl, E., Daries, G. et al. (2011) Levels of well-being and involvement of young children in centre-based provision in the Free State Province of South Africa. *South African Journal of Childhood Education*, 1(2): 64–80.

Dewey, J. (1910) *How We Think.* Boston, MA: Heath and Co.

Duffy, B. (1998) *Supporting Creativity and Imagination in the Early Years.* Maidenhead: Open University Press.

Edwards, C., Gandini, L. and Forman, G. (eds) (1998) *The Hundred Languages of Children. The Reggio Emilia Approach – Advanced Reflections.* 2nd edn. Westport, CT: Ablex Publishing.

Edwards, S., Cutter-Mackenzie, A. N. and Hunt, E. (2010) Framing play for learning. Professional reflections on the role of open-ended play in early childhood education. In Brooker, L. and Edwards, S. (eds) *Engaging Play.* Maidenhead: Open University Press, Chapter 10.

Gardner, H. (2006) *The Development and Education of the Mind. The Selected Works of Howard Gardner.* London: Routledge.

Laevers, F. (1993). Deep level learning. An exemplary application on the area of physical knowledge. *European Early Childhood Education Research Journal*, 1(1): 53–68.

Laevers, F. (ed.) (1994) *The Leuven Involvement Scale for Young Children, LIS-YC.* Manual. Leuven, Belgium: Centre for Experiential Education.

Laevers, F. (1997) Assessing the quality of childcare provision. 'Involvement' as criterion.

Laevers, F. (2000) Forward to basics! Deep-level learning and the experiential approach. *Early Years*, 20(2): 20–29.

Laevers, F. (2005) *Deep-level Learning and the Experiential Approach in Early Childhood and Primary Education*. Leuven, Belgium: Katholieke Universiteit Leuven, Research Centre for Early Childhood and Primary Education.

Laevers, F. (2006) *Making Care and Education More Effective Through Wellbeing and Involvement. An Introduction to Experiential Education*. Belgium: Leuven Institute.

Laevers, F. (2007a) Deep level learning. An exemplary application on the area of physical knowledge. *European Early Childhood Education Research Journal*, 1(1): 53–68.

Laevers, F. (2007b) The curriculum as means to raise the quality of early childhood education. Implications for policy. *European Early Childhood Education Research Journal*, 13(1): 17–29.

Laevers F. (2011) Experiential education. Making care and education more effective through wellbeing and involvement. Bennett, J. (topic ed.). In Tremblay, R. E., Boivin, M., Peters, R. DeV. and Barr, R. G. (eds) *Encyclopedia on Early Childhood Development*. Montreal, Quebec: Centre of Excellence for Early Childhood Development and Strategic Knowledge Cluster on Early Child Development, pp. 1–5.

Laevers, F. and Heylen, L. (eds) (2003) *Involvement of Children and Teacher Style. Insights from an International Study on Experiential Education. Studia Paedagogica 35*. Leuven, Belgium: Leuven University Press.

Manning-Morton, J. and Thorpe, M. (2003) *Key Times for Play*. Maidenhead: Open University Press.

Miller, L. and Pound, L. (2011) *Theories and Approaches to Learning in the Early Years*. London: Sage.

Ministry of Education (1996) *Te Whāriki*. Wellington, New Zealand: Learning Media.

Pascal, C. and Bertram, T. (1997) *Effective Early Learning*. London: PCP.

Pound, L. (2011) *Influencing Early Childhood Education. Key Figures, Philosophies and Ideas*. Maidenhead: Open University Press.

Robson, S. (2012) *Developing Thinking and Understanding in Young Children. An Introduction for Students*. 2nd edn. London: Routledge.

Rogers, C. (1961) *On Becoming a Person. A Therapist's View of Psychotherapy*. Boston, MA: Houghton Mifflin.

Rogers, C. (1983) *Freedom to Learn for the 80's*, 2nd edn. Columbus, OH: Charles E. Merrill.

Whalley, M. and the Pen Green Centre Team (2007) *Involving Parents in their Children's Learning*. 2nd edn. London: Sage.

Woods, A. (ed.) (2013) *Child-initiated Play and Learning. Planning for Possibilities in the Early Years*. London: David Fulton.

Woods, A. (ed.) (2014) *The Characteristics of Effective Learning: Creating and Capturing the Possibilities in the Early Years*. London: David Fulton.

第二章

Burnard, P., Craft, A. and Grainger, T. *et al.* (2006). Possibility thinking. *International Journal of Early Years Education*, 14(3): 243–262.

Cuffaro, H. K. (1995) *Experimenting with the World. John Dewey and the Early Childhood Classroom.* New York: Teachers College Press.

Davy, A. (2013) Using Leuven observation and assessment tools to investigate outdoor provision. In Georgeson, J. and Paylor, J. (eds) *International Perspectives on Early Childhood Education and Care.* Maidenhead: Open University Press, Chapter 19.

Edwards, C., Gandini, L. and Forman, G. (eds) (1998) *The Hundred Languages of Children. The Reggio Emilia Approach – Advanced Reflections.* 2nd edn. Westport, CT: Ablex Publishing.

Laevers, F. (ed.) (1994) *The Leuven Involvement Scale for Young Children, LIS-YC.* Manual. Leuven, Belgium: Centre for Experiential Education.

Laevers, F. (1997) Assessing the quality of childcare provision. 'Involvement' as criterion.

Laevers, F. (2000) Forward to basics! Deep-level learning and the experiential approach. *Early Years*, 20(2): 20–29.

Laevers, F. (ed.) (2005) *Well-being and Involvement in Care Settings. A Process-oriented Self-evaluation Instrument.* Leuven, Belgium: Kind & Gezin and Research Centre for Experiential Education.

Laevers, F. (2007a) The curriculum as means to raise the quality of early childhood education. Implications for policy. *European Early Childhood Education Research Journal*, 13(1): 17–29.

Laevers, F. (2007b) Deep level learning. An exemplary application on the area of physical knowledge. *European Early Childhood Education Research Journal*, 1(1): 53–68.

Laevers, F. (2009) Interview with Ferre Laevers from the Scottish Learning Festival 2009.

Laevers, F. and Heylen, L. (eds) (2003) *Involvement of Children and Teacher Style. Insights from an International Study on Experiential Education. Studia Paedagogica 35.* Leuven, Belgium: Leuven University Press.

Paige-Smith, A. and Craft, A. (eds) (2008) *Developing Reflective Practice in the Early Years.* Maidenhead: Open University Press.

Pound, L. (2011) *Influencing Early Childhood Education. Key Figures, Philosophies and Ideas.* Maidenhead: Open University Press.

Rogoff, B. (1990) *Apprenticeship in Thinking. Cognitive Development in Social Context.* Oxford: Oxford University Press.

Rogoff, B., Matusov, E. and White, C. (1996) Models of teaching and learning. Participation in a community of learners. In Olson, D. and Torrance, N. (eds) *Handbook of Education and Human Development.* Oxford: Blackwell, Chapter 18.

Waters, J. (2009) Well-being. In Waller, T. (ed.) *An Introduction to Early Childhood.* 2nd edn. London: Sage, Chapter 2.

Whalley, M. and the Pen Green Centre Team (2007) *Involving Parents in their Children's*

Learning. 2nd edn. London: Sage.

第三章

Ang, L. (2010) Critical perspectives on cultural diversity in early childhood. Building an inclusive curriculum and provision. *Early Years*, 30(1): 41–53.

Bercow, J. (2008) *The Bercow Report. A Review of Services for Children and Young People (0–19) with Speech, Language and Communication Needs.* Nottingham: Department for Children, Schools and Families (DCSF).

Bertram, T. and Pascal, C. (2002) What counts in early learning. In Saracho, O. N. and Spodek, B. (eds) *Contemporary Perspectives in Early Childhood Curriculum.* Greenwich, CT: Information Age, pp. 241–256.

Blenkin, G. and Kelly, A. V. (1996) *Early Childhood Education. A Developmental Curriculum.* 2nd edn. London: PCP.

Bondavalli, M. and Mori, M. (1993) Children in Reggio Emilia look at their school. *Children's Environments*, 10(2): 39–45.

Brown, V. (2014) Sustained shared conversations. In Woods, A. (ed.) *The Characteristics of Effective Learning. Creating and Capturing the Possibilities in the Early Years.* London: Routledge.

Bruce, T. (2005) *Early Childhood Education.* London: Hodder Arnold.

Ceppi, G. and Zini, M. (eds) (1998) *Children's Spaces and Relations. Metaproject for the Environment of Young Children.* Reggio Emilia: Domus Academy Research Centre/Reggio Children.

Clark, A. and Moss, P. (2011) *Listening to Young Children. The Mosaic Approach.* 2nd edn. London: National Children's Bureau.

Craft, A. (2011) Creativity and early years settings. In Paige-Smith, A. and Craft, A. (eds) *Developing Reflective Practice in the Early Years.* 2nd edn. Maidenhead: Open University Press, pp. 87–100.

Csíkszentmihályi, M. (1990) *Flow. The Psychology of Optimal Experience.* New York: HarperCollins.

Duffy, B. (2006) *Supporting Creativity and Imagination in the Early Years.* 2nd edn. Maidenhead: Open University Press.

Dweck, C. S. and Leggett, E. (1988) A social cognitive approach to motivation and personality. *Psychological Review*, 95(2): 256–273.

Edgington, M. (2004) *The Foundation Stage Teacher in Action.* London: PCP.

Edwards, C., Gandini, L. and Forman, G. (eds) (1998) *The Hundred Languages of Children. The Reggio Emilia Approach – Advanced Reflections.* 2nd edn. Westport, CT: Ablex Publishing.

Goldschmied, E. and Jackson, S. (1994) *People under Three.* London: Routledge.

Gripton, C. (2013) Planning for endless possibilities. In Woods, A. (ed.) *Child-initiated Play and Learning: Planning for Possibilities in the Early Years.* London: Routledge, pp. 8–22.

Hadley, E. (2002) Playful disruptions. *Early Years*, 22(1): 9–17.

Hanen (2011) *Owl to Let your Child Lead.* Hanen Early Language Program.

Hedges, H. (2010) Whose goals and interests? The interface of children's play and teachers' pedagogical practices. In Brooker, L. and Edwards, S. (eds) *Engaging Play*. Maidenhead: Open University Press, pp. 25–39.

Huleatt, H. (2015) The indoor environment at work. In Hays, S. (ed.) *Early Years Education and Care. New Issues for Practice from Research.* London: Routledge, pp. 105–126.

Jarman, E. (2007*) Communication Friendly Spaces. Improving Speaking and Listening Skills in the Early Years Foundation Stage.* Nottingham: Basic Skills Agency.

Katz, L. G. (1993) *Dispositions. Definitions and Implications for Early Childhood Practices.* Catalogue No. 211 Perspectives from ERIC/EECE: Monograph series no. 4.

Laevers, F. (2006) *Making Care and Education More Effective Through Wellbeing and Involvement. An Introduction to Experiential Education.* Belgium: Leuven Institute.

Laevers, F. (2013) Making care and education more effective through wellbeing and involvement. An introduction to Experiential Education. Conference paper given at Pen Green Research Centre, Corby, UK, March 2013.

Laevers, F., Bogaerts, M. and Moons, J. (1997) *Enhancing Wellbeing and Involvement in Children. An Introduction in the Ten Action Points.* Video. Leuven, Belgium: Centre for Experiential Education.

Lindon, J. (2015) Cultural diversity in the early years. Community playthings.

McInnes, K., Howard, J., Miles, G. and Crowley, K. (2011) Differences in practitioners' understanding of play and how this influences pedagogy and children's perceptions of play. *Early Years*, 31(2): 121–133.

Marsh, J. and Millard, E. (2000) *Literacy and Popular Culture. Using Children's Culture in the Classroom.* London: PCP.

Moran, M. and Brown, V. (2013) Play as a space for possibilities. In Woods, A. (ed.) *Child-initiated Play and Learning. Planning for Possibilities in the Early Years.* London: Routledge, pp. 83–95.

Moss, P. and Petrie, P. (2002*) From Children's Services to Children's Spaces. Public Policy, Children and Childhood.* London: Routledge Falmer.

Moyles, J., (2010) Practitioner reflection on play and playful pedagogies. In Moyles, J. (ed.) *Thinking about Play*. Maidenhead: Open University Press, pp. 13–30.

Moyles, J. and Worthington, M. (2011) *The Early Years Foundation Stage Through the Daily Experiences of Children.* TACTYC Occasional Paper No. 1. Association for the Professional Development of Early Years Educators.

Nelsen, J., Erwin, C. and Duffy, R. A. (2007) *Positive Discipline for Preschoolers.* New York: Three Rivers.

Nicholson, S. (1971) How not to cheat children. The theory of loose parts. *Landscape Architecture*, 62: 30–35.

Nolan, A. and Kilderry, A. (2010) Postdevelopmentalism and professional learning. Implications for understanding the relationship between play and pedagogy. In Brooker, L. and Edwards, S. (eds) *Engaging Play.* Maidenhead: Open University Press, pp. 108–122.

Paley, V. G. (1986) *Boys and Girls. Superheroes in the Doll Corner.* Chicago: University of Chicago Press.

Rich, D., Casanova, D., Dixon, A., Drummond, M. J., Durrant, A. and Myer, C. (2006) *First Hand Experience. What Matters to Children.* Ipswich: Rich Learning Opportunities.

Rogoff, B. (2003) *The Cultural Nature of Human Development.* Oxford. Oxford University Press.

Rose, J. and Rogers, S. (2012) *The Role of the Adult in Early Years Settings.* Maidenhead: Open University Press.

Siraj-Blatchford, I. (2006) Educational disadvantage in the early years: How do we overcome it? Some lessons from research. *European Early Childhood Education Research Journal*, 12(2): 5–20.

Sobel, D. (2002) *Children's Special Places. Exploring the Role of Dens, Forts and Bush Houses in Middle Childhood.* Detroit, MI: Wayne State University.

Stephen, C., (2010) Pedagogy. The silent partner in early years learning. *Early Years*, 30(1): 15–28.

Tovey, H. (2005) *Playing Outdoors. Spaces and Places, Risks and Challenge.* Maidenhead: Open University Press.

Vygotsky, L. S. (1978) *Mind in Society.* Cambridge. MA: Harvard University Press.

Walsh, G., Sproule, L., McGuinness, C. and Trew, K. (2011) Playful structure. A novel image of early years pedagogy for primary school classrooms. *Early Years*, 32(2): 107–119.

Williams, B. (2010) Reflecting on child initiated play. In Moyles, J. (ed.) *Thinking about Play.* Maidenhead: Open University Press, pp. 81–100.

Wood, E. (2007) Reconceptualising child-centred education. Contemporary directions in policy, theory and practice in early childhood. *FORUM*, 49(1 & 2).

Wood, E. (2011) Listening to young children. Multiple voices, meanings and understandings. In Paige-Smith, A. and Craft, A. (eds) *Developing Reflective Practice in the Early Years.* Maidenhead: Open University Press, pp. 100–113.

Wood, E. (2013) *Play, Learning and the Early Childhood Curriculum.* 3rd edn. London: Sage.

第四章

Blenkin, G. and Kelly, A. (eds) (1992) *Assessment in Early Childhood Education.* London: Paul Chapman.

Connor, A. (2013) *Understanding Transitions in the Early Years. Supporting Change through Attachment and Resilience.* London: Routledge.

Dahlberg, G., Moss, P. and Pence, A. (2007) *Beyond Quality in Early Childhood Education Care and Education.* London: Routledge.

DfE (Department for Education) (2014) *Statutory Framework for the Early Years Foundation Stage.* Cheshire: Department for Education.

DfE (Department for Education) (2015) 2010 to 2015 Government policy: School and college funding and accountability. Appendix 2: Reception baseline assessment.

Edwards, S., Cutter-Mackenzie, A. N. and Hunt, E. (2010) Framing play for learning.

Professional reflections on the role of open-ended play in early childhood education. In Brooker, L. and Edwards, S. (eds) *Engaging Play*. Maidenhead: Open University Press, Chapter 10.

FSA (Forest School Association) (nd) Full principles and criteria for good practice.

Knight, S. (2009) *Forest Schools and Outdoor Learning in the Early Years*. London: Sage.

Laevers, F. (ed.) (1994) *The Leuven Involvement Scale for Young Children, LIS-YC*. Manual and videotape. Leuven, Belgium: Centre for Experiential Education.

Laevers, F. (2000) Forward to basics! Deep-level learning and the experiential approach. *Early Years*, 20(2): 20–29.

Laevers, F. (2006) Making care and education more effective through wellbeing and involvement. An introduction to Experiential Education.

Laevers, F. (2007) Deep level learning. An exemplary application on the area of physical knowledge. *European Early Childhood Education Research Journal*, 1(1): 53–68.

LOtC (Learning Outside the Classroom) (2015) Learning outside the classroom changes lives ...

Moss, P. (2012) Natural childhood.

Moss, P. and Petrie, P. (2002) *From Children's Services to Children's Spaces. Public Policy, Children and Childhood*. London: RoutledgeFalmer.

National Trust (2013) Celebrities support The Wild Network campaign.

Page, J., Clare, A. and Nutbrown, C. (2013) *Working with Babies and Children*. 2nd edn. London: Sage.

Play England (nd) Campaigns.

Rogers, C. (1983) *Freedom to Learn for the 80's*. 2nd edn. Columbus, OH: Charles E. Merrill.

Rogoff, B. (1990) *Apprenticeship in Thinking. Cognitive Development in Social Context*. New York: Oxford University Press.

Rolfe, H. (2010) *Learning to Take Risks, Learning to Succeed*. London: NESTA.

Rosen, M. (1993) *We're Going on a Bear Hunt*. London: Walker Books.

Stewart, N. (2014) Active learning. In Moylett, H. (ed.) *Characteristics of Effective Early Learning. Helping Young Children Become Learners for Life*. Maidenhead: Open University Press, pp. 54–71.

Vygotsky, L. S. (1978) *Mind in Society*. Cambridge, MA: Harvard University Press.

White, J. (2013) Capturing the difference. The special nature of the outdoors. In White, J. (ed.) *Outdoor Provision in the Early Years*. London: Sage, pp. 45–57.

第五章

Bertram, A. (1996) Effective early childhood educators: Developing a methodology for improvement. Unpublished thesis. Coventry: Coventry University.

Bion, W. (nd) Container and contained.

DfE (Department for Education) (2012) *Statutory Framework for the Early Years Foundation Stage*. Cheshire: Department for Education.

DfES (Department for Education and Skills) (2002) *Investors in Children Consultation Paper*.

Nottingham: Department for Education and Skills.

Formosinho, J. (2003) Childhood pedagogy. The importance of interactions and relations. In Laevers, F. and Heylen, L. (eds) *Involvement of Children and Teacher Style. Insights from an International Study on Experiential Education.* Leuven, Belgium: Leuven University Press, pp. 111–127.

Laevers, F. and Moons, J. (1997) *Enhancing Well-being and Involvement in Children. An Introduction to the Ten Action Points.* Leuven, Belgium: Centre for Experiential Education.

Laevers, F., Bogaerts, M. and Moons, J. (1997) *Experiential Education at Work. A Setting with Five Year Olds.* Manual and videotape. Leuven, Belgium: Centre for Experimental Education.

Mooney, A. (2007) *The Effectiveness of Quality Improvement Programmes for Early Childhood Education and Childcare.* London: Thomas Coram Research Unit.

National Strategies (2007) *Developing Quality through Leadership, Reading. Leading reflective practice through peer observations.* Nottingham: National Strategies.

Office for Standards in Education (Ofsted) (1998) *The Quality of Education in Institutions Inspected under the Nursery Education Funding Arrangements.* London: HMSO.

Office for Standards in Education, Children's Services and Skills (Ofsted) (2014) *Official Statistics Release, Early Years Childcare Inspections and Outcomes.* London: HMSO.

Pascal, C. and Bertram, A. (1997) *Effective Early Learning Project.* Worcester: Centre for Research in Early Childhood.

Pascal, C. and Bertram, A. (2003) *The Effective Early Learning Project. The Quality of Adult Engagement in Early Childhood Settings in the UK.* In Laevers, F. and Heylen, L. (eds) *Involvement of Children and Teacher Style. Insights from an International Study on Experiential Education.* Leuven, Belgium: Leuven University Press, pp. 77–91.

Pascal, C. and Bertram, A. (2005) *Baby Effective Early Learning Project.* Worcester: Amber Publications.

Rogers, C. (1983) *Freedom to Learn for the 80s.* Columbus OH: Charles E. Merill.

Rogoff, B. (1990) *Apprenticeship Thinking. Cognitive Development in Social Context.* Oxford: Oxford University Press.

Sammons, P., Sylva, K., Melhuish, E., Siraj, I., Taggart, B., Smees, R. and Toth, K. (2014) *Influences on Students' Social-Behavioral Development at Age 16. Effective Pre-school, Primary and Secondary Education Project (EPPSE) Research Brief.* London: Institute of Education, Department for Education.

Sylva, K., Melhuish, E., Sammons, P., Siraj-Blatchford, I., Taggart, B. and Elliot, K. (2003) *The Effective Provision of Pre-school Education (EPPE) Project. Findings from the Pre-school Period.* Nottingham: DfES Publications.

Sylva, K., Melhuish, E., Sammons, P., Siraj-Blatchford, I. and Taggart, B. (2004) *The Effective Provision of Pre-school Education (EPPE) Project. Findings from the Primary Years.* Nottingham: DfES Publications.

Sylva, K., Melhuish, E., Sammons, P., Siraj-Blatchford, I. and Taggart, B. (2008) *Final Report from the Primary Phase: Pre-school, School and Family Influences on Children's*

Development during Key Stage 2 (Age 7–11). The Effective Pre-school and Primary Education 3–11 Project (EPPE3-11). Nottingham: DCSF Publications.

Sylva, K., Melhuish, E., Sammons, P., Siraj, I., Taggart, B., Smees, R., Toth, K., Welcomme, W. and Hollingworth, K. (2014) *Students' Educational and Developmental Outcomes at Age 16. Effective Preschool, Primary and Secondary Education Project (EPPSE) Research Brief.* London: Institute of Education, Department for Education.

Wenger, E. (nd) Communities of practice. A brief introduction.

Wenger, E. (1998) *Communities of Practice. Learning, Meaning and Identity.* Cambridge: Cambridge University Press.

第六章

Andrews, M. (2010) Managing change and pedagogical leadership. In Robins, A. and Callan, S. (eds) *Managing Early years Settings.* London: Sage, pp. 45–64.

Arnold, C. (2003) *Observing Harry.* Maidenhead: Open University Press.

Bergum, V. (2003) Relational pedagogy. Embodiment, improvisation, and interdependence. *Nursing Philosophy*, 4(2): 121–128.

Bion, W. (1959) *Second Thoughts.* London: Karnac.

Bradford, H. (2012) *The Wellbeing of Children under Three.* London: David Fulton.

Brazelton, T., Koslowski, B. and Main, M. (1974) The origins of reciprocity. The early mother-infant interaction. In Lewis, M. and Rosenblum, L. A. (eds) *The Effect of the Infant on Its Caregiver.* New York: Wiley, pp. 49–76.

Bronfenbrenner, U. (1979) *The Ecology of Human Development. Experiments by Nature and Design.* Cambridge, MA: Harvard University Press.

Bruce, T. (2005) *Early Childhood Education.* 3rd edn. London: Hodder Arnold.

Covey, S. R. (2004) *The Seven Habits of Highly Effective People.* Reprinted edn. New York: Simon & Schuster.

DfE (Department for Education) (2014). *Statutory Framework for the Early Years Foundation Stage.*

DfES (Department for Education and Skills) (2003) *Birth to Three Matters. A Framework to Support Children in their Earliest Years.* DfES Publishing: Nottingham.

DfES (Department for Education and Skills) (2005) *Key Elements of Effective Practice.* Norwich: HMSO.

Douglas, H. and Ginty, M. (2001) The Solihull approach. Changes in health visiting practice. *Community Practitioner*, 74(6): 222–224.

Early Education (2012) *Development Matters in the Early Years Foundation Stage (EYFS).* London: Early Education.

Edwards, C., Gandini, L. and Forman, G. (eds) (1998) *The Hundred Languages of Children. The Reggio Emilia Approach – Advanced Reflections.* 2nd edn. Westport, CT: Ablex Publishing.

Every Child Matters (2003).

Gerhardt, S. (2004) *Why Love Matters. How Affection Shapes a Baby's Brain.* London:

Routledge.

Harris, B. (2004) Leading by Heart. *School Leadership and Management*, 24(4): 391–404.

Howe, D. (2005) *Child Abuse and Neglect. Attachment, Development and Intervention*. London: Palgrave-Macmillan.

Laevers, F. (ed.) (1994) *The Leuven Involvement Scale for Young Children, LIS-YC*. Manual. Leuven, Belgium: Centre for Experiential Education.

Laevers, F (2002) *Research on Experiential Education. A Selection of Articles*. Leuven, Belgium: Centre for Experiential Education.

Laevers, F. (2009) Interview with Ferre Laevers from the Scottish Learning Festival.

Manning-Morton, J. (2014) *Exploring Wellbeing in the Early Years*. Maidenhead: Open University Press.

Ministry of Education (1996) *Te Whāriki*. Wellington, New Zealand: Learning Media.

Papatheodorou, T. and Moyles, J. (eds) (2009) *Cross-cultural Perspectives on Early Childhood*. London: Sage.

Solihull Approach Resource Pack © (2006) Solihull NHS Care Trust.

Spillane, J. P. (2005). Distributive leadership. *The Educational Forum*, 69(2): 143–150.

Sylva, K., Mulhuish, E., Sammons, P., Siraj-Blatchfors, I. and Taggart, B. (2004) *The Effective Provision of Pre-school Education (EPPE) Project: Findings from the Primary Years*. Nottingham: Department for Education and Science.

UNICEF (2007) *Child Poverty in Perspective. An Overview of Child Wellbeing in Rich Countries*. Report card 7. Florence: UNICEF Innocenti Research Centre.

Wardle, L. and Vesty, S. (2014) Exploring children's wellbeing and motivations. In Woods, A. (ed.) *The Characteristics of Effective Learning. Creating and Capturing the Possibilities in the Early Years*. London: Routledge, pp. 23–38.

Woods, A. (ed.) (2013) *Child-initiated Play and Learning. Planning for Possibilities in the Early Years*. London: Routledge.

Woods, A. and Wardle, L. (2013) Leading possibilities. In Woods, A. (ed.) *Child-initiated Play and Learning. Planning for Possibilities in the Early Years*. London: Routledge, Chapter 8.

第七章

Bourdieu, P. (1998) *Practical Reason. On the Theory of Action*. Oxford: Polity.

Bruce, T. (2012) *Early Childhood Practice. Froebel Today*. London: Sage.

Bruce, T., Louis, S. and McCall, G. (2015) *Observing Young Children*. London: Sage.

Carr, M. (2001) *Assessment in Early Childhood Settings. Learning Stories*. London: PCP.

Craft, A. (2002) *Creativity and Early Years Education. A Lifewide Foundation*. London: Continuum.

Crowe, B. (1983) *Play is a Feeling*. London: Allen & Unwin.

Csíkszentmihályi, M. (2002) *Flow. The Classic Work on How to Achieve Happiness*. 2nd edn. London: Rider.

Dewey, J. (1910) *How We Think*. Boston: D. C. Heath & Co.

Donaldson, M. (1978) *Children's Minds*. London: Croom Helm.

Dweck, C. S. (2008) *Mindset. The New Psychology of Success.* New York: Ballantine Books.

Fisher, J. (2013) *Starting from the Child. Teaching and Learning in the Foundation Stage.* Maidenhead: McGraw-Hill International.

Gripton, C. (2013) Planning for endless possibilities. In Woods, A. (ed.) *Child-initiated Play and Learning. Planning for Possibilities in the Early Years.* London: David Fulton, pp. 8–21.

James, A., Jenks, C. and Prout, A. (1998) *Theorizing Childhood.* Cambridge: Polity Press.

Laevers, F. (ed.) (1994) *The Leuven Involvement Scale for Young Children, LIS-YC.* Manual. Leuven, Belgium: Centre for Experiential Education.

Laevers, F. (1998) Understanding the world of objects and of people. Intuition as the core element of deep level learning. *International Journal of Educational Research*, 29(1): 69–86.

Laevers, F. (2000) Forward to basics! Deep-level learning and the experiential approach. *Early Years*, 20(2): 20–29.

Laevers, F. (2002) Forward to basics! Deep-level-learning and the experiential approach. *Indivisa: Boletin de Estudios e Investigación*, 3: 9–18.

Laevers, F. (2005a). The curriculum as means to raise the quality of early childhood education. Implications for policy. *European Early Childhood Education Research Journal*, 13(1): 17–29.

Laevers, F. (2005b) *Deep-level Learning and the Experiential Approach in Early Childhood and Primary Education.* Belgium: Katholieke Universiteit Leuven, Research Centre for Early Childhood and Primary Education.

Laevers, F. (2006) *A Process-oriented Child Monitoring System for Young Children.* Leuven, Belgium: CEGO Publishers.

Laevers, F. and Heylen, L. (eds) (2003) *Involvement of Children and Teacher Style. Insights from an International Study on Experiential Education. Studia Paedagogica 35.* Leuven, Belgium: Leuven University Press.

Laevers, F. and Verboven, L. (2000) Gender related role patterns in preschool settings. Can 'experiential education' make a difference? *European Early Childhood Education Research Journal*, 8(1): 25–42.

Løndal, K. (2010) Children's lived experience and their sense of coherence. Bodily play in a Norwegian after-school programme. *Child Care in Practice*, 16(4): 391–407.

Merleau-Ponty, M. (2005) *Phenomenology of Perception.* London: Taylor & Francis.

Smidt, S. (2009) *Planning for the Early Years Foundation Stage.* London: Routledge.

Vygotsky, L. S. (1978) *Mind in Society: The Development of Higher Psychological Processes.* London: Harvard University Press.

Woods, A. (ed.) (2013) *Child-initiated Play and Learning. Planning for Possibilities in the Early Years.* London: David Fulton.

Woods, A. and Wardle, L. (2013) Leading possibilities. In Woods, A. (ed.) *Child-initiated Play and Learning: Planning for Possibilities in the Early Years.* London: Routledge, Chapter 8.